Walter Pöschl

Heitere Pfarrergeschichten

Schau lieber nicht herab, o Herr!

Walter Pöschl

Heitere Pfarrergeschichten

Schau lieber nicht,
herab, O Herr!

Illustrationen von Georg Beyer

Impressum
ISBN 978-3-936511-55-0
1. Auflage 2008
© Verlag Attenkofer, 94315 Straubing
Satz und Druck:
Cl. Attenkofer'sche Buch- und Kunstdruckerei
Einbandgestaltung: Georg Beyer

Inhalt

Vorwort 7

Zweierlei Maß 9
Herr bleibt Herr 17
Die letzte Beichte der Stocker-Mutter 22
Petri Heil 26
Die altehrwürdigen Bräuche 31
Keine Absolution 34
Die Heiligsprechung 35
Das Fegefeuer 36
Führe uns nicht in Versuchung.................... 38
Leben und leben lassen 42
Pater Guardians Erschießung.................... 44
Der Bauernaufstand von Kraglfing 49
Die Fastenkur des Don Alfonso 53
Die Enthauptung des heiligen Sixtus 65
Es geschah an einem Portiunkulasonntag 69
Papst auf Reisen 77
Auf den heiligen Antonius ist Verlass 84
Die Pilgerfahrt der Jungfrau von Orleans 89
Rache ist süß 96
Schau lieber nicht herab, o Herr! 104
O heiliger Sankt Florian! 109
Der Vatikan weiß alles 113
Das Findelkind 118
Worterklärungen............................ 126

Autor 135
Illustrator.................................... 136

Vorwort

Dieses Buch wurde für Menschen geschrieben, die sich Humor und Lebensfreude bewahrt haben und die auch über ironisch-witzige Übertreibungen lachen können. Wer spitzige Formulierungen über die Kirche und die Geistlichkeit nicht verträgt, möge wohlwollend darüber hinweglesen und mir glauben, dass ich religiöse Gefühle nicht verletzen wollte.

Ich kann nicht dafür garantieren, dass sich die geschilderten Vorkommnisse immer so zugetragen haben, wie ich sie erzählte. Was die dichterische Freiheit darum gesponnen hat, ist leicht zu erkennen.

Personen- und Ortsnamen wurden aus verständlichen Gründen bis auf wenige Ausnahmen geändert. Sollte trotzdem eine Ähnlichkeit mit noch lebenden Personen festgestellt werden, ist dies ein feiner Zufall.

Die im Buchtitel mit Augenzwinkern ausgesprochene Bitte „Schau lieber nicht herab, o Herr!" könnte als Hilferuf, als Bitte um Nachsicht, als Seufzer, als Ausdruck der Verblüffung oder Resignation über jeder Geschichte dieses Buches stehen.

Walter Pöschl

Zweierlei Maß

Das Leben kennt viele Geschichten über sonderbare Heilige und heilige Sonderlinge. Manche dieser Geschichten werden von Generation zu Generation weitererzählt und, was ganz menschlich ist, mit immer neuen Zutaten versehen. Auch ich muss gestehen, dass ich die folgende Geschichte noch kräftig gewürzt habe.

Es ist eine Geschichte aus der Zeit, als in Bayern der Prinzregent regierte, die Mass Bier noch zwanzig Pfennig kostete und sonntags zu Hause Kathreiners Malzkaffee getrunken wurde.

In Grimelbach, einem ansehnlichen Pfarrdorf, das in einer sanften Mulde des niederbayerischen Hügellandes eingebettet ist, war die Welt noch in schönster Ordnung.

Ich will nicht behaupten, dass die Grimelbacher immer friedlich und glücklich waren. Auch bei ihnen gab und gibt es Leute, die ihre Fehler einfach anderen auf die Rechnung setzen. Nur wenige wissen, dass man das Glück in der eigenen Seele suchen muss.

Auf ihren Pfarrherrn, einen Bauernsohn aus dem Erdinger Holzland, ließen die Grimelbacher nichts kommen, weil er ein gemütlicher Mensch war, die zum Pfarrhof gehörende Ökonomie mit großem Sachverstand bewirtschaftete und das Wetter vorhersagen konnte. Einige Pfarrkinder waren allerdings der Meinung, er sei, ausgenommen seiner heiligen Würde, das schwärzeste Schaf unter den schwarzen Schäflein des Erzbischofs. Was soll man denn von einem Hochwürden halten, der beim Schafkopfen im Wirtshaus das Gebetläuten überhört und sich von der Kellnerin fünf Minuten vor Mitternacht noch schnell eine Mass Bier einschenken lässt?

Besonders festlich wurde in Grimelbach der Pranger- oder Kranzltag begangen. Die Städter sagen dazu Fronleichnamstag. Die Pfarrkinder konnten es kaum erwarten, bis nach dem feierlichen Hochamt die Prozession, der sogenannte Umgang, begann. Über das Ereignis wurde hernach noch lange gesprochen.

Eine Prozession aber hat sich besonders in das Gedächtnis der Grimelbacher eingegraben und über diese will ich nun der Reihe nach berichten.

Der Herrgott hatte seinen schönsten Tag aus dem Ärmel geschüttelt. Die Dienstboten genossen den letzten Rasttag vor der Heuernte.

Die Läutbuben steckten ihre Köpfe durch die Turmlucke, damit sie den Böllerschützen im Pfarrgarten rechtzeitig ein Zeichen geben konnten, wenn es an der Zeit war, Salut zu schießen. Sie kamen sich besonders wichtig vor, denn Glockenläuten und Salutschießen gehören zum Umgang wie das Sanctus und Benedictus zum lateinischen Hochamt.

Endlich war es soweit. Die Ordner wedelten geschäftig mit ihren Hüten zum Zeichen, dass sich die Prozession in Bewegung setzen solle. Die Blaskapelle gab mit einem uralten Prozessionsmarsch das Schritttempo vor. Die Böller krachten, dass alle Hunde im Dorf wild bellten. Die große Muttergottesfahne wurde von einem kräftigen Burschen hochgestemmt, die Träger der kleineren Fahnen und Heiligenfiguren gliederten sich in den Zug ein und der Lehrer zeigte dem Kirchenchor an, dass nun gleich der mühsam eingeübte vierstimmige Hymnus „Ave Jesu, wahres Manhu" gesungen werde.

Die Beter schritten langsam und feierlich durch die mit Birken geschmückte Dorfstraße, schwenkten danach auf einen

Feldweg ein. Die Jungfrauen taten sich schwer, mit ihren neumodischen Stöckelschuhen auf den holprigen Feldwegen zu gehen. „Hochgelobt und gebenedeit sei das Allerheiligste Sakrament des Altares", beteten die Männer vor und die Frauen antworteten, wie es der Brauch ist: „Von nun an bis in alle Ewigkeit!"

Unter dem Traghimmel, einem Baldachin aus schwerem Brokat, schritt der Pfarrer, ein wenig gebückt unter der Last der weiß verschleierten Monstranz und des mit Goldstickereien verzierten Rauchmantels. Ein seidenes Tüchel, das Velum, war um seine Hände gelegt, denn die Monstranz mit der allerheiligsten Hostie darf an diesem Festtag nicht einmal der Hochwürden mit bloßen Händen anfassen.

Vor dem Traghimmel gingen die Ministranten in Weiß und Rot. Sie durften abwechselnd mit ihren Dreiklangglöckchen läuten, während die zwei Oberministranten würdevoll das Rauchfass schwangen. Gravitätisch schritten die Männer der Feuerwehr mit ihren auf Hochglanz polierten Messinghelmen zu beiden Seiten des Traghimmels.

Schon war in der Ferne der erste Altar zu sehen, der an der Stadelwand des Duschlhofes aufgerichtet war. Die Frau Bürgermeister sagte gerade recht vornehm zur Pfarrersköchin: „'s Herz möcht' einem aufgehn, wenn man des friedliche Bild siehgt und die würzige Luft einschnauft." Da trat eine Stockung im Zug ein. Beim Traghimmel vorne musste etwas passiert sein. Alle Augen richteten sich auf den Pfarrer, der mit der schweren Monstranz unter dem Baldachin einen eigenartigen Tanz aufführte. Und jetzt konnten es alle deutlich sehen, was los war. Der Pius, der Hund des Pfarrers, eine Mischung aus einem Foxl und einem Schnauzer, hatte sich, durch die Böllerschüsse erschreckt, daheim von der Kette losgerissen und marschierte jetzt treuherzig hinter seinem

Herrn her. Die beiden waren sonst ein Herz und eine Seele, denn der Pius war ein anhängliches und zutrauliches Viecherl. Eigentlich war es ja schon der dritte Pius. Sein Vorgänger hatte sich treulos einer dahergelaufenen Scherenschleiferin an den Hals geworfen und der erste Pius ist bei einer Treibjagd erlegt worden. Jetzt aber war der Pius unter dem Baldachin eine Provokation. Der Pfarrer versuchte ihn mit Fußtritten und Drohungen zur Heimkehr zu bewegen: „Schaugst net glei, dass d' hoamgehst, Hundkrüppel!" Aber der Pius hatte sich zum Bleiben entschlossen.

Die Ministranten lachten ungeniert, denn sie wussten, dass der Pfarrer gerade keine Hand frei hatte.

Nun beschloss der Bürgermeister, der mit einer brennenden Kerze hinter dem Traghimmel herging, den unfolgsamen Hund zu vertreiben. Er zwängte sich energisch zwischen die vor ihm gehenden Himmeltrager mit der Absicht, dem Pius einen Fußtritt zu verpassen. Aber dieser war quasi unfehlbar. Geschickt wich er dem hinterlistigen Angriff des Bürgermeisters aus, so dass dieser das Gleichgewicht verlor und gestreckterlängs hinfiel, wobei er dem vor ihm gehenden Pfarrer einen schmerzhaften Stoß in den Rücken verpasste. Ein Schwall Kerzenwachs ergoss sich über seinen neuen Samthut. Da rutschten ihm ein paar Sakramenter heraus, die dem Pfarrer die Zornesröte ins Gesicht trieben. Erregt drehte er sich zu dem Gefallenen um und hob die Monstranz in die Höhe. Gerade konnte er sich noch beherrschen. Was er dabei dem Bürgermeister sagte, lässt sich hier nicht wiederholen. Das alles ging so rasch vor sich, dass die weiter hinten Gehenden sich wunderten, warum der Hochwürden dem am Boden knienden Bürgermeister mitten unter der Prozession mit dem Allerheiligsten den Segen gab.

12

Inzwischen hatte der Kirchenpfleger Zeit gefunden, an die laut lachenden Ministranten Kopfnüsse zu verteilen, was diese besonders schmerzte, weil die Pfarrersköchin in diesem Augenblick laut vorbetete: „Brot vom Himmel hast du uns gegeben, das alle Süßigkeit in sich enthält."

Die Spitze des Kirchenzuges war nun beim ersten Altar angelangt. Das Beten hörte allmählich auf und der Pfarrer konnte mit dem Verlesen des Evangeliums beginnen. Der Pius hatte es sich auf dem Blumenteppich vor dem Altar bequem gemacht. Er verfolgte entspannt und andächtig die feierlichen Zeremonien seines Herrn, der heute so gut nach Weihrauch roch.

Diese Gelegenheit wollte der Mesner ausnutzen, um das Problem Pius zu lösen. Gerade als der Kirchenchor das „Pange lingua" anstimmte, schlich er sich von hinten heran und griff blitzschnell nach dem Halsband des Pius, um ihn abzuführen. Das hätte er lieber bleiben lassen sollen, denn der Pius war nicht gewillt, sich von seinen religiösen Pflichten abhalten zu lassen. Blitzschnell schlug er seine spitzen Zähne in die Hand des Mesners, der ihn sofort mit einem kräftigen Fluch ausließ. Der Bürgermeister lachte höhnisch, dann breitete er sein Sacktüchl auf dem Boden aus und kniete sich nieder, um den feierlichen Segen zu empfangen. Die Blasmusikanten spielten den Defiliermarsch. Die Glocken läuteten in der Ferne und die kleinen Kinder fingen, durch die Böllerschüsse erschreckt, zu weinen an. Vom Grabmeierhölzl rief der Kuckuck herüber.

Das erste Evangelium hätten wir, dachten sich die Bauern und träumten heimlich von den Weißwürsten und Geschwollenen, die sie sich nach der Prozession beim Wirt schmecken lassen wollten.

Nun ging es auf einer Sandstraße weiter zum zweiten Altar. Der Pius hatte mit einem Siegerlächeln wieder seinen Ehrenplatz hinter dem Pfarrer eingenommen. „Seht den Leib, dahingegeben für die Welt im Kreuzestod! Aus den Wunden strömet Leben, dem kein Untergang mehr droht!", sang der Kirchenchor, während der Mesner seine blutende Hand betrachtete und dem Pius einen grimmigen Blick zuwarf.

Da geschah ein neues Missgeschick. Durch die Böllerschüsse wurde ein Feldhase in seinem Versteck aufgeschreckt. Er suchte mit mächtigen Sprüngen das Grabmeierhölzl zu erreichen. Das war zu viel für den Pius. Er nahm sofort seine Verfolgung auf, schnitt ihm klug den Weg zum Hölzl ab und trieb ihn schließlich auf die Straße zu, auf der gerade die Grimelbacher mit wehenden Fahnen einherzogen. Der Hase rannte um sein Leben. Er schlug einen Haken nach dem anderen und versuchte, den auf der anderen Straßenseite liegenden Grimelbacher Forst zu erreichen. Mit Todesverachtung sprang er auf den Traghimmel zu und rumpelte hinter dem Pfarrer durch die Beine der Feuerwehrleute über die Straße, der Pius hinter ihm her. Der Pfarrer versuchte vergebens, seinen Hund aufzuhalten. Er rief ihm nach: „Pfui, Pius! Platz! Platz sag i!" Aber der hatte jetzt keinen Gusto mehr auf Prozessionen.

Die Ministranten hatten die größte Freude an diesem Schauspiel. „Himmelseitn, is des a Hetz!", sagte der Feuerwehrkommandant zu seinem Nachbarn. Nur der Förster hatte einen brinnroten Kopf auf. Die ganze Andacht der Beter war dahin. Sie verfolgten aufmerksam, wie das Wettrennen ausgehen werde.

Kurz vor Erreichen des Grimelbacher Forstes hatte der Pius den Hasen eingeholt. Dieser schlug im letzten Augenblick

14

einen Haken und beschloss, zum Grabmeierhölzl zurückzulaufen. Dazu musste er aber wieder über die verflixte Straße.

Die Feuerwehrmänner gaben ihm und dem Pius freiwillig den Weg frei. Der Pfarrer erkannte den Ernst der Lage. Kurz entschlossen drückte er dem verblüfften Kirchenpfleger die Monstranz in die Hände, steckte zwei Finger in den Mund und pfiff seinem missratenen Hund. Dieser hielt nur kurz in seinem Lauf inne. Ein abermaliger Pfiff zeigte ihm aber an, dass sein Herrchen heute mit dieser Treibjagd absolut nicht einverstanden war. Missmutig kehrte er um und trottete mit heraushängender Zunge zum Pfarrer hin. Treuherzig blickte er zu ihm auf. Da packte ihn sein Herr mit eiserner Faust beim Genick und haute ihm mit der anderen Hand das Hinterteil her, dass es nur so schnalzte. Dabei rief er zornig: „Platz hab i gsagt! Dir gib i glei an Hasen, du Satan!" Dann ließ er ihn aus und deutete energisch zum nahen Dorf hin. Der Pius humpelte gekränkt und traurig heim.

Der Pfarrer nahm die Monstranz wieder an sich und gab das Zeichen zum Weitergehen.

Der Kirchenchor stimmte den Hymnus an: „Lobe Zion deinen Hirten, den Erlöser der Verirrten!"

Es hat schon einige Wochen gedauert, bis der Bürgermeister wieder mit dem Pfarrer geredet hat.

Der Pius aber vergaß die erlittene Schmach nicht so schnell. Zum ersten Mal in seinem Leben zweifelte er an der irdischen Gerechtigkeit. Dass einer für die gleiche Tat einmal über den Schellenkönig gelobt und das andere Mal vor allen Leuten geprügelt wird, das war zu viel für seinen Hundeverstand. Zutiefst beleidigt dachte er sich: „Das nächste Mal soll sich doch mein Herr und Gebieter gefälligst seinen Hasen selber fangen."

Herr bleibt Herr

Auf den schweren Lössböden, die der liebe Gott in seiner Güte auf die niederbayerischen Flusstäler und Hügel geschüttet hat, wachsen nicht nur speckige Erdäpfel und erdschweres Getreide, sondern auch stramme Dirndl und Buben. Wenn sie ausgewachsen sind, gibt es wie bei den Erdäpfeln unterschiedliche Sorten: mehlige, fest kochende, speckige, kerngesunde aber auch angefaulte Knollen, wie sie eben aus dem Ackerboden herauskommen.

Von zwei solchen festkochenden Knollen handelt meine Geschichte. Sie hat sich zu der Zeit abgespielt, als die Pfarrer noch auf der Kanzel predigten.

Den Pfarrer Ignatius Weißhäupl von Eiselharting und den Sixt Pauli, Bürgermeister daselbst, hätten die Tauben nicht schöner zusammentragen können. Da die Schäflein des einen genau so handsam waren, wie die Untertanen des anderen, hätten beide ein schönes Machen gehabt, wenn sie nicht durch ihre Rechthaberei und ihren Jähzorn oft über das Ziel hinausgeschossen hätten.

Der Weißhäupl war ein groß gewachsener, korpulenter Herr mit einem Gemüt wie ein Weihwasserkessel. Jeden Sonntag führte er einen Kreuzzug gegen seine Pfarrkinder, schlug mit der Faust auf die Kanzelbrüstung, dass die Heiligen am Seitenaltar einander zunickten und wetterte über die Liederlichkeit der Jungen und über die Flucherei der Alten. Direkt Mitleid konnte man mit dem schönen Dörfl Eiselharting bekommen, wenn er Pech und Schwefel darauf niederregnen ließ. Schimpf und Schande waren nur dadurch auszuhalten, dass sich seine Lämmlein einfach für unschuldig hielten. In der Nachbargemeinde Heinzelberg, ja da waren gotteslästerliche Flucher beheimatet und man konnte nur bedauern, dass sie nicht anwesend waren und selber hören konnten, wie weit es schon bei ihnen fehlte.

Der Sixt Pauli stand seinem Pfarrherrn in nichts nach. Auch er war ein stattliches Mannsbild von kräftigem Körperbau, ein starker Esser, rotgesichtig, beim Bier gemütlich, beim Kartenspiel hitzig und als Bürgermeister eine Respektsperson. Keinen Spaß verstand er, wenn es um den Bauernstand ging. Sein Leibspruch war: „Herr bleibt Herr und Knecht bleibt Knecht."

Am Sonntag vom guten Hirten ist der Weißhäupl immer sehr friedfertig gewesen. Da passte seine Standardpredigt vom Fluchen nicht. Deshalb nahm er die Gelegenheit wahr, seinen Schäflein vor Augen zu führen, wie heilsam es wäre, Jesus, dem gutem Hirten, nachzueifern. Jeder Bauer müsse der gute Hirte seiner männlichen Dienstboten, jede Hausmutter die gute Hirtin der weiblichen Dienstboten sein. Das Thema gefiel ihm auch deshalb, weil er dem Bürgermeister auf diplomatische Weise hinreiben konnte, dass die Gemeinde Eiselharting einen besseren weltlichen Hirten verdient hätte.

Der erste Teil der Predigt ist dem Weißhäupl recht gut gelungen, so dass sich die männlichen Zuhörer brettelbreit in die Kirchenstühle setzen und in stiller Andacht ein Schläfchen machen konnten. Als aber der Pfarrer zum zweiten Teil seiner Ausführungen kam und gegen den Bürgermeister vom Leder ziehen wollte, musste er feststellen, dass dieser in der Kirchenbank selig schlief. Da packte ihn der unheilige Zorn. Er deutete mit dem Finger auf den Sixt Pauli und schrie: „Du bist der Knecht! Du bist der gemietete Knecht im Evangelium! Du schläfst, wenn der Wolf in deine Herde einbricht!"
Die Sixtin wäre am liebsten im Erdboden versunken, als sie sah, dass alle Blicke auf ihren Ehegemahl gerichtet waren. Der aber war jetzt hellwach. Als Knecht brauchte er sich

dann doch nicht titulieren zu lassen. Voller Wut schrie er zur Kanzel hinauf: „Was bin i? A Knecht? Sag des noh amoi, du spinnerter Teife du!"

Die Zuhörer saßen alle bolzengerade da. Man hätte einen Floh über das Pflaster springen hören können, so still war es jetzt in der Kirche. Der Weißhäupl seinerseits ließ sich den „spinnerten Teife" in seiner Kirche nicht gefallen. Er beugte sich tief zum Sixt Pauli hinunter und fauchte ihn an: „Dir gib i glei an spinnerten Teife, du Antichrist! Sofort nimmst den spinnerten Teifi zruck, du Lackl du!" Das war wiederum dem Bürgermeister zu viel.

Er richtete sich in seiner ganzen Körpergröße auf und rief zum Pfarrer hinauf: „Geh oba, wennsd da traust! Dann zoag i dir, wer da Lackl is." Der Weißhäupl ließ sich das nicht zweimal sagen. Heftig sein Verkündbuch schwingend, rumpelte er die Kanzelstufen herunter, um den Pauli zu packen. Der aber hatte jetzt das Gefühl, dass er die Flucht ergreifen müsse. Er zwängte sich an den Leuten vorbei zum Kirchenportal und verließ schleunigst den Ort seiner Schmach mit einem Vorsprung von zwanzig Metern. Den konnte der Weißhäupl nicht aufholen. Mit feuerrotem Kopf und heftig schnaufend kam er nach einigen Minuten wieder zurück, stieg zum Altar hinauf und stimmte grimmig das Credo an. Aber jedesmal, wenn er sich zum Volk hinwandte und die Arme zum „Oremus" ausbreitete, meinte die Sixtin, eine drohende Faust auf ihr Haus gerichtet zu sehen.

Als der Sixt um zwei Uhr früh mit einem Kanonenrausch aus Heinzelberg heimkehrte und in die eheliche Schlafkammer hineinstolperte, stand nur noch ein Bett drinnen. Die Sixtin war zu ihrer Mutter ins Austragshäusl gezogen.

Dass auf ihn nun schwere Zeiten zukamen, versteht sich. Als auch der Wirt und seine Stammtischbrüder von ihm abfielen, musste er mit seiner Hauserin und dem guten Hirten Weißhäupl Frieden schließen. Alles zusammengerechnet hat ihm der „spinnerte Teife" sein schönstes Stierkalb gekostet.

Über die Geschichte ist im Laufe der Jahre Gras gewachsen. Nur einmal wurde der Pauli noch an jenes Ereignis erinnert, als er beim Wirt ein Herzsolo verspielte und sein Gegner leichtfertig frohlockte: „So, Knechterl, iatz muasst blecha!" Der zerbrochene Krug kostete dem Pauli ein Schmerzensgeld von zweihundert Mark, obwohl jeder weiß, dass ein echter bayerischer Schädel beim Raufen keine Schmerzen spürt.

Die letzte Beichte
der Stocker-Mutter

Vor dem Zweiten Weltkrieg starben auf dem Land viele alte Leute zu Hause, weil sie keine oder nur eine spärliche Krankenversicherung hatten.

Auch die Stocker-Mutter von Schweigkirchen, eine Austragsbäuerin, wartete aus diesem Grund daheim auf das Sterben. Der Doktor kam einmal in der Woche zu ihr und gab ihr eine Spritze gegen die Schmerzen und ein paar aufmunternde Worte.

Auf dem Stockerhof waren gerade die Erntearbeiten in vollem Gange. Bauer, Bäuerin, Knecht und Magd und die halbwüchsigen Kinder werkelten von früh bis spät auf den Feldern, sodass die Kranke in ihrer Kammer viel Zeit hatte, über ihr Leben und Sterben nachzudenken.

Als ihr Sohn nach dem Mittagessen in die Krankenstube trat, um nach ihr zu schauen, sagte sie zu ihm: „Franzl, i moan, iatz werds Zeit, dass d' um an Pfarrer schickst. Es geht auf d' Letzt. I dermachs schier nimmer." Der Franzl nahm die abgemagerte Hand seiner „Mam" liebevoll in seine schwielige Hand, streichelte sie und versprach, dem hochwürdigen Herrn Pfarrer alsbald Bescheid zu tun, dass er ihr die letzte Ölung bringe.

Am späten Nachmittag kam der Pfarrer in Begleitung eines Ministranten mit dem Allerheiligsten auf den Hof, wo die junge Bäuerin schon mit verweintem Gesicht an der Haustüre wartete. Sie hatte am Nachmittag neben dem Bett der Kranken ein Versehtischchen mit einem Standkreuz, zwei Kerzenleuchtern und einem Gefäß mit dem Weichbrunn aufgestellt. Jetzt zündete sie die Kerzen an.

Der Pfarrer, ein milder Beichtvater, setzte sich zu seinem Pfarrkind, redete gut vom himmlischen Vater, vom Himmel der Seligen, die reinen Herzens sind, und so weiter, wie halt einer redet, der schon vielen Pfarrkindern auf ihrem Sterbebett beigestanden hat. Dann schloss er seine Belehrungen mit den Worten: „So, die Angehörigen lassen uns zwei jetzt allein, damit ich in aller Andacht Reu und Leid mit der Mutter erwecken und ihr die heilige Beichte abnehmen kann."

Da hob die Kranke mit Mühe die Hand und erklärte mit zittriger Stimme: „Hoidd staad, Herr Pfarrer! Ohne Beichtgitter konn i net beichten. Des bin i net g'wohnt."

Der überraschte Pfarrer meinte begütigend: „Geh, Stocker-Mutter, was sind denn das für Flausen? So was hab ich meiner Lebtag noch nicht ghört. Da gibts doch nichts zum Genieren. Ich halte das Beichttüchl an mein Ohr, genauso wie im Beichtstuhl, und du beichtest durch das Tuch in mein Ohr hinein. Leichter gehts wirklich nimmer."

Aber die Kranke ließ nicht locker: „Nix da, Herr Pfarrer! I konn bloß beichten, wenn a vergittertes Sündentürl da is. Anders gehts net."

Der Herr Hochwürden seufzte hörbar. Er war ungehalten über die Widerspenstigkeit seines Beichtkindes, das sich in der Stunde des Todes noch so ganz und gar von irdischen Dingen gefangen nehmen ließ. Nach seiner Überzeugung war angesichts dieser Hartnäckigkeit ein wenig Strenge angebracht. „Merk einmal auf, Stocker-Mutter! Ich kann doch keinen Beichtstuhl herbringen lassen. Das siehst du doch ein? Wenn du nur in einem Beichtstuhl beichten kannst, musst du halt zu mir in die Kirche kommen."

Die Kranke nickte mit dem Kopf, kniff aber den Mund fest zusammen.

Ihr Sohn, dem der Diskurs recht zuwider war, mischte sich nun in das Gespräch ein: „Geh, Mam! Stell di doch net a so o! Was werd si da Herr Hochwürden von uns denka? Tausende ham scho ohne Beichtgitter beichten müassn, nachad werds di aa net umbringa. Schaama muass ma se mit dir!"

Die Kranke hob abwehrend die Hände. „I mächat ja beichten, wenn i kaant, aber i ko net."

Der Hochwürden wurde ungeduldig und beschloss, die Sache energisch zum Abschluss zu bringen.

„Nun gut, Stocker-Mutter, wenn du dich so in die Welt hineinhängst, dann ist eben nichts zu machen.

Ich geh jetzt wieder. Wenn du dirs anders überlegt hast, musst mich halt wieder kommen lassen. Kann aber leicht sein, dass dir der Herrgott nicht mehr soviel Zeit lässt und dass du mit deinem Sündenpackl ohne Absolution vor dem höchsten Richter stehst. Was das bedeutet, daran mag ich gar nicht denken."

Der Hochwürden stand auf, um sich zu verabschieden.

Da trat ihm der Bauer entgegen und sagte: „Lass ma's guat sei, Herr Hochwürden. Sie habn ja koa Ahnung net, wia des is, wenn se unser Muadda was in Kopf gesetzt hat. Da is' sie störrischer wiar a Zugochs. Mir foit was ei. Warten S' a wengerl. I bin glei wieder da."

Mit einem wütenden Blick zur Kranken hin verließ er eilig die Kammer, ging über den Hof zum Hasenstall, riss ein Drahtgittertürl aus den Scharnieren und stand zwei Minuten später wieder mit dem Hasenstallgitter vor dem Krankenbett.

„Sodala, Mam", knurrte er, „da hast iatz dei vergitterts Sündentürl und iatz werd 'beicht't!"

Danach verließ er mit den Angehörigen schleunigst, aber
verschmitzt lächelnd, die Krankenstube.

Wie der Pfarrer und die Stocker-Mutter mit dem Reserve-
Beichtgitter zurechtgekommen sind, weiß man nicht, denn
der Beichtvater hat nichts darüber verlauten lassen und die
Stocker-Mutter konnte nicht mehr gefragt werden, weil sie
noch am Abend, wohl versehen mit den heiligen Sterbesak-
ramenten, wie es in der Todesanzeige hieß, aus dem Leben
geschieden ist. Tröst sie Gott!

Petri Heil

In meiner Kinderzeit schlängelte sich durch unser Pfarrdörfl ein lieblicher Bach. Linker Hand stand auf einer kleinen Anhöhe inmitten von stattlichen Bauernhöfen die Pfarrkirche mit einem Zwiebelturm, der sich an sonnigen, windstillen Tagen im Bach spiegelte. Auf der rechten Bachseite, schon im Talboden und Überschwemmungsland, duckten sich das ebenerdige Hüterhaus, in dem die Gemeinde zuweilen die Ortsarmen unterbrachte und das heruntergekommene Häusl des Starzer Benno, der seine siebenköpfige Familie als Taglöhner und manchmal auch als Wilddieb ernährte. Ein schmaler Holzsteg über den Bach stellte die Verbindung zwischen arm und reich her.

Etwas außerhalb des Dorfes, an einer Furt, hatte das Hochwasser zur Freude der Kinder links und rechts den Bach verbreitert, die Büsche am Bachufer unterhöhlt und Platz zum Schwimmen geschaffen. Dort herrschte im Sommer ein lebhaftes Treiben. Wenn die Sonne herunterstach, dufteten die Wiesenblumen und Kräuter so betörend, dass die Schmetterlinge und Libellen trunken vor Glück über dem Wasser tanzten.

Das Fischrecht am Bach gehörte dem Dorfmüller. Er fischte nur gelegentlich mit dem Fangnetz die Gumpen aus, denn er aß lieber einen Schweinebraten als ein grätiges Fischlein. Selbstverständlich hatte der Herr Hochwürden die Erlaubnis, sein Anglerglück zu versuchen, sooft er Zeit und Lust hatte. Er war ein begeisterter Angler und wenn er eine schöne Bachforelle gefangen hatte, konnte es schon sein, dass er am Stammtisch unversehens vom Kirchenlatein ins Anglerlatein hinüberwechselte.

Eines Tages erzählte der Starzer Xaverl, der jüngste Sohn des Starzer Benno, dem Pfarrer in der Religionsstunde, dass sein Vater in der Nähe des Badeplatzes schon öfter einen Hecht rauben gesehen habe, „so lang, wie ein Sensenstiel und mit einem Maul, so groß wie ein Holzpantoffel". Der Pfarrer lobte den Buben ausnahmsweise und schenkte ihm ein Heiligenbildchen, was sonst nie vorkam. Dann durften alle Schulkinder gleich nach Hause gehen.

Als der Xaverl zu Hause dem Vater stolz das Bildchen zeigte und dann auch noch ausführlich erzählte, wie er zu dem Bild gekommen war, haute ihm der eine saftige Watsche herunter und fragte seine Frau giftig, wo nur der Bub seine Blödheit herhabe und er drohte: „Wenn uns der Pfarrer den Hecht wegfängt, kann der Malefizbua was erleben."

Kurze Zeit später konnte der Benno durch das Küchenfenster beobachten, wie der Hochwürdigste Herr mit Angelrute, Eimer und Kescher über den Holzsteg eilte und den Wiesenweg zum Badeplatz einschlug.

Der Benno fluchte leise und stürzte, so wie er war, barfuß und mit zerrissener Hose, aus dem Haus.

„Heiliger Benno hilf, dass der Pfarrer meinen Hecht nicht erwischt!" Wie ein Indianer schlich er hinter dem Pfarrer her und suchte gleichzeitig mit scharfem Blick das Wasser ab nach seinem Hecht. Da sah er ihn auch schon in einer Gumpe stehen, ein Prachtexemplar von Fisch. Sein silberner Rücken blitzte kurz unter dem Wasserspiegel auf, dann verschwand er wieder mit einem eleganten Schlag seiner Schwanzflosse in der dunkelgrünen Tiefe.

Der verflixte Pfarrer fischte mit seiner Angelrute von der rechten Seite des Baches herauf und kam immer näher. Es war keine Zeit mehr zu verlieren. Der Benno sprang mit

einem Satz in den Bach und schnitt dem Hecht den Flucht-
weg zum fließenden Gewässer ab. Er spürte einen empfind-
lichen Schmerz, als sich der Hecht in seinen Schenkel bohrte.
Mit der rechten Hand bekam er ihn bei den Kiemen zu fassen, riss ihn aus dem Wasser und schleuderte ihn in hohem
Bogen an das linke Ufer des Baches. Dort zappelte der Hecht
im hohen Gras. Aber schon war der Benno über ihm, drückte
ihn nieder und löschte ihm mit einem gezielten Stich seines
feststehenden Messers das Lebenslicht aus.

Es war keine Sekunde zu früh, denn jetzt war der Pfarrer ganz
in der Nähe. Ein dichter überhängender Erlenstrauch und das
hohe Gras schützten den Benno vor seinen Blicken.

Der Pfarrer warf den Blinker und ließ ihn handtief durch das
Wasser spinnen, die Schnur leicht zwischen den Fingern.

„Ja, los hat er's Fischen wia des Einascherln am Ascher-
mittwoch", dachte der Benno, „des muass ma eahm lassen.
Respekt. Aber des Bibelwort ‚Die Ersten werden die Letzten sein und die Letzten die Ersten' guit zum Glück aa für
de Geistlichkeit."

Der Hochwürden holte zu einem neuen Wurf aus. Diesmal
flog der Blinker noch flacher über die Wellen. Wie er ihn gegen die Strömung ziehen wollte, verhängte sich die Angel-
schnur im Gezweig der Erle. Der Pfarrer kurbelte und zerrte
ungeduldig an der Schnur, bis das Vorfach riss und der na-
gelneue Blinker in den Wellen des Baches versank. „Kreuz,
Birnbaum und Hollerstaudn!", hörte der Benno den Pfarrer
in gerechtem Zorn lamentieren. „Jetzt ist mein schöner Blinker beim Teufel! Sapradie, Sapradie!"

Nach einer Weile packte er seine Sachen zusammen und
schlug missmutig den Weg zum Pfarrhof ein.

28

29

Als die Luft rein war, trug der Benno seinen Fang auf beiden Armen wie einen Täufling heim.

Danach brach im Starzerhäusl der Wohlstand aus. Man lebte einige Tage wie Gott in Frankreich. Am ersten Tag gab es Hecht blau gesotten mit Kartoffeln, am Abend Fischsuppe mit Kartoffeln, am andern Tag Hecht gebraten mit frischem Feldsalat. Der Segen von oben nahm kein Ende. Die Starzer-Kinder bedauerten nur, dass der Vater keinen Walfisch gefangen hatte. Selbst die Katzen durften an dem Überfluss teilhaben.

Ein paar Tage später fragte der Pfarrer den Xaverl in der Schule, ob der Vater den Hecht wieder einmal gesehen habe. Der Xaverl antwortete treuherzig und der Wahrheit entsprechend: „Ja, Herr Pfarrer, jeden Tag hat er ihn gsehgn. Erst gestern war i dabei, wia da Vater gsagt hat, der Hecht werd allerweil kleana. Iatz is er bloß no so lang ois wiar a Saibling."

Darüber musste der Pfarrer herzlich lachen und er meinte: „Es wär ja auch ein Wunder gewesen, wenn sich in unseren Bach ein Hecht verirrt hätte."

Danach durften die Schulkinder wieder früher heimgehen, denn der Pfarrer wollte sicherheitshalber noch einmal nach dem Hecht sehen.

Die altehrwürdigen Bräuche

„Wo 's der Brauch ist, legt man die Kühe ins Bett."

Dieser Spruch will nichts anderes sagen, als dass man die altehrwürdigen Bräuche nicht abschaffen darf und auch nicht kann, weil sie etwas Heiliges sind.

Zu diesen geschützten Bräuchen gehört es auch in manchen Pfarrgemeinden, dass die männlichen Kirchenbesucher im Friedhof vor dem Kirchenportal stehen bleiben und, zu einem Haufen zusammengedrängt, rauchend, schnupfend oder politisierend sich gemütlich unterhalten, bis der Pfarrer mit seiner Predigt fertig ist. Dann schieben sie sich Zentimeter für Zentimeter durch das Kirchenportal ins Innere der Kirche, bis sie beim Taufbecken anstoßen. Nach der Austeilung der Kommunion verlassen sie ihren Stehplatz wieder und gehen noch vor dem „Ite, Missa est!" zum Kirchenwirt, wo die Weißwürste schon warten.

Manche Kirchenbesucher meinen sogar, es sei aus gesundheitlichen und theologischen Gründen ausreichend, nur bei der Heiligen Wandlung in der Kirche anwesend zu sein.

Jahrhunderte lang haben die Pfarrer vergeblich mit allen Mitteln der Diplomatie, des Kirchen- und Hausrechtes gegen diese laxe Einstellung gewisser Schafe angekämpft. Der eine Pfarrer hat die Ministranten mit Stühlen vor die Kirche geschickt und den Herren ausrichten lassen, er wünsche ihnen gute Unterhaltung, ein anderer ist beim „Asperges me" unter sie hineingefahren wie ein Habicht unter die Hühner und hat sie mit einem Schwall Weihwasser „getauft", ein dritter hat seine Predigt einmal gleich gar vor dem Kirchenportal gehalten. Es wird sogar erzählt, dass ein aufgebrachter Pfarrer das Hauptportal einfach zumauern ließ oder dass er in vollem Ornat mit seinen Ministranten zum Kirchenwirt gegangen ist und den beim Kartenspiel Versammelten mit der Monstranz den Segen erteilt hat.

Der Pfarrer von Mauern, einem schmucken Dörfl an der Grenze von Ober- und Niederbayern, wollte das Problem auf seine Weise lösen.

Er erzählte seinen andächtigen Zuhörern bei der Sonntagspredigt, er habe in der vergangenen Nacht einen schweren Alptraum gehabt. Ihm habe geträumt, er sei gestorben und in den Himmel gekommen. Ein Erzengel habe ihn zum lieben Gott geführt und dieser habe ihn mit aller Strenge gefragt:

> *„Pfarrer von Mauern!*
> *Wo san deine Bauern?"*

Er habe sich zerknirscht vor dem strengen Richter niedergeworfen und seufzend geantwortet:

> *„Da hint san s' im Eck! De Böck'."*

Der liebe Gott habe ihn darauf gnädig angeblickt und geantwortet:

> *„Pfarrer von Mauern!*
> *I muass di bedauern.*
> *Mit soichene Böck*
> *kimmst net vom Fleck!"*

Daraufhin sei er schweißgebadet aufgewacht und er habe sich vorgenommen, diesen Traum seinen Pfarrkindern nicht vorzuenthalten, denn man könne ja nicht wissen, ob nicht der Herrgott selbst im Traum zu ihm gesprochen habe.

Ob diese Predigt geholfen hat, werden Sie fragen? Ja und nein. Einige Sonntage lang haben die Männer, eingeschüchtert von ihren Gemahlinnen, bis zum Segen in der Kirche ausgeharrt, aber als sich der Pfarrer über den Erfolg seiner

Predigt zu freuen begonnen hatte, sind sie wieder Zentimeter um Zentimeter zurückgewichen, bis sie ihre angestammten Plätze im Friedhof erreicht hatten.

Wie heißt es so schön? Ein gusseiserner Herrgott, ein steinerner Wassergrand und die alten Bräuche sind ein ewiges Werk.

Keine Absolution

In Dürnbach haben sie einen neuen Pfarrer bekommen. Es ist seine erste Pfarrstelle. Böse Zungen behaupten, der schmächtige, klein geratene Herr mit dem sorgfältig gezogenen Scheitel, der sanften Stimme und der randlosen Brille habe sich nach Dürnbach verirrt. Die Dürnbecker hatten einen anderen Pfarrer erwartet. Ein körndlgefüttertes, leutseliges Mannsbild aus dem Bauernstand wäre ihnen lieber gewesen. So stellten sie sich auf mancherlei Ungelegenheiten ein.
Ein erster Test war für sie die Beichtpraxis des neuen Pfarrherrn.

Der Eisenrieder Sepp machte den Anfang mit dem Beichten. Er vertrat die Meinung, dass das Beichten und Heiraten schnell gehen müsse.

Er zwängte seinen massigen Körper in den engen Beichtstuhl, deutete ein Kreuzzeichen an, leierte sein Sündenbekenntnis herunter und wartete dann seelenruhig auf die Absolution des Beichtvaters. Es waren sehr schwere Brocken, ja, himmelschreiende Sünden, die er dem Pfarrer vorgesetzt hatte. Dieser konnte keinen Funken von Reue und Bußfertigkeit beim Sepp erkennen. Er sagte es ihm auf den Kopf zu und verkündete resolut, dass er ihn unter diesen Umständen nicht absolvieren könne. Aber da kam er beim Sepp, der sofort Zweifel an der Rechtgläubigkeit des Pfarrers bekommen hatte, an den Richtigen.

„Was? Hab i richtig ghört?", schrie er. „Du konnst mi net losprecha, sagst? Ja, wia hammas denn da, haa? Du konnst mi net absolviern, sagst? Des taat dir passen, mi einfach a so abwimmeln! Ja, was konnst'n du überhaupt? Predigen konnst net, singa konnst net, Schafkopfa konnst net und absolviern konnst aa net. Ja, sag amoi, was hast denn du ois Pfarrerlehrbua g'lernt?"

Die Heiligsprechung

Der Pater Dagobert, ein fröhlicher Jünger des Heiligen Franziskus und ein gesuchter, milder Beichtvater obendrein, bekam am Weißen Sonntag im Beichtstuhl den Besuch eines so genannten Jahrlings, so nennt man jene hartgesottenen Sünder, Rossdiebe und Konsorten, die nur einmal im Jahr und da auch erst ganz am Ende der Osterbeichtzeit, zum Beichten erscheinen, um ihr Sündenpackl loszuwerden.

Der Besucher war der Eisenrieder Schorsch. Er hatte sich beim Jungbräu Mut angetrunken, denn zum Beichten braucht einer schon einen Schneid. Auf dem Weg in die Kirche sprach er sich vor, dass es nicht so schlimm werden könne, weil er niemanden umgebracht und im ganzen Winter nur drei Ster Holz gestohlen habe. Dass einem beim Tarocken hin und wieder ein Flucherer auskommt oder dass einem daheim einmal die Hand ausrutscht, weiß der Pater sowieso.

Der Beichtstuhl des Paters stand ganz hinten in der Kirche neben dem Taufstein. Die Lage war ideal, weil man da nicht so eingesehen war.

Der Schorsch vergewisserte sich zuerst, ob der milde Pater anwesend war. Dann riss er die Tür des rechten Abteils auf und schlüpfte behend hinein. Nach einem gemurmelten „Gelobt sei Jesus Christus" legte er mit seinem Sündenbekenntnis los: „Mit mir hast heit koa Arwat net, Pater. I sags wia s is. I hab glei gar nix zon Beichten, rein gar nix. I war ja erst vor am Jahr da. I kimm grad deswegn her, weil mir mei Oide wegam Beichtzettel koa Ruah nimmer lasst. Amen."

Der Pater Dagobert ist allerhand gewöhnt und deshalb antwortet er dem Schorsch in aller Ruhe:

„Ja, da hab i wirklich koa Arwat mit dir. Da gehst jetzt zum Hochaltar vüre, ziagst deine Schuah und Strümpf aus und stellst di zum Heiligen Sebastian auf'n Altar auffe. Und da bleibst so lang steh, bis di da Teifi abhoit. Amen."

Das Fegefeuer

In Bachham haben sie noch einen Pfarrer vom alten Schlag. Er glaubt, was er predigt und er predigt gern mit Pulverdampf und Donnergrollen über das Purgatorium, jenen Reinigungsort für die Seelen der Verstorbenen, den man gemeinhin auch Fegefeuer nennt. Er schont sich und seine andächtigen Zuhörer dabei nicht. Sein Kopf glüht, wenn er die Hitze des Flammenmeeres schildert. Mit der Überzeugungskraft eines Dengelhammers malt er in allen Farben aus, was die armen Seelen, die noch lässliche Sünden und zeitliche Sündenstrafen abbüßen müssen, dort für eine Pein zu erwarten haben.

Dank eines hervorragenden Informationssystems kennt er die Fehler und Laster seiner Pfarrkinder. In Gedanken hat er dem einen oder anderen Mannsbild schon im voraus einen festen Platz im Fegefeuer zugewiesen.

Als die Witwe Hummel einige Tage nach der Beerdigung ihres Verblichenen im Pfarrhof erschien, um für sein Seelenheil eine heilige Messe aufschreiben zu lassen, sagte ihr der Pfarrer unverblümt ins Gesicht, er habe überhaupt keinen Zweifel daran, dass ihr Mann aufgrund seiner vielen Räusche und seiner üblen gotteslästerlichen Flucherei bis zum Hals im Purgatorium stecke.

Das war ein harter Schlag für die brave Hummel-Mutter, die ihrem Seligen immer noch nachtrauerte, finanziell aber keine großen Sprünge machen konnte. Für 's Erste bestellte sie also fünf Seelenmessen in der Hoffnung, den schon zu Lebzeiten gewaltigen Durst ihres Mannes lindern und seiner armen Seele im Laufe der Zeit auch durch eigenes Gebet aus dem Flammenmeer heraushelfen zu können.

Beim nächsten Besuch im Pfarrhof konnte sie der Hochwürden schon ein wenig trösten. „Ein gutes Stückerl ist er schon heraußen", meinte er, „aber bis zum Bauch steht er bestimmt noch in der großen Pein."

Die brave Frau bestellte also weitere fünf Messen.

Bei ihrem dritten Besuch konnte ihr der Herr Pfarrer die erfreuliche Mitteilung machen, dass ihr Mann nur noch bis zu den Waden im Feuer drinstehe.

Da nahm die Hummel-Mutter, eingedenk der vielen Prügel, die sie während ihrer Ehe bekommen hatte, ihren ganzen Mut zusammen und sagte resolut:

„Is guat, Herr Hochwürden, dann braucht er meine Messen nimmer. Da muass er si iatz scho selber rausarwatn."

Führe uns nicht in Versuchung

Als der pensionierte Förster Simon Liebl seinem Pfarrer die ungebührliche Bitte vortrug, er möge seinen altersschwachen Dackel Wasti taufen, damit dieser nach seinem Tod in den Himmel hineindürfe, glaubte der Herr Hochwürden zuerst an einen dummen Scherz. Aber sein Besucher klärte ihn sogleich auf, dass ihm sein Ansinnen bierernst sei. Eine himmlische Glückseligkeit sei für ihn nur denkbar, wenn er im Himmel mit seinem treuen Wasti jeden Tag Gassi gehen dürfe. Dies sei aber nur möglich, wenn dieser nicht von ihm getrennt werde. Im Übrigen sehe er keinen großen Unterschied zwischen Segnung und Taufe eines Tieres. Ein Hund, der seit zwölf Jahren eine solche Treue zeige wie sein Wasti, müsse doch eine Seele haben. Wer sich so freuen und so trauern könne wie ein Mensch, der verdiene auch, dass er in den Himmel komme.

Der Seelsorger war entsetzt über die religiöse Unwissenheit seines Pfarrkindes. Geduldig versuchte er ihm die Bedeutung des Taufsakramentes und den Unterschied zwischen Mensch und Kreatur darzulegen, aber der Förster hörte ihm nicht zu. Er verzichte ja gerne auf Taufkerze, Taufpaten, Namenspatron und auf die Salbung des Hundes mit Chrisam, wendete er ein. Der Herr Hochwürden könne auch alle Gebete weglassen, die für seinen Wasti nicht passten. Die Hauptsache sei ihm, wie gesagt, dass er von seinem geliebten Begleiter nicht auf ewig getrennt werde.

Was soll man zu einer solchen Verschrobenheit nur sagen? Der Pfarrer beendete die Unterredung mit dem Hinweis, er werde sich die Sache gründlich durch den Kopf gehen lassen und er lud den Förster ein, am nächsten Tag wieder zu kommen und den Dackel mitzubringen.

Der Förster war mit dem vorläufigen Bescheid zufrieden und erinnerte den Pfarrer beim Abschied daran, dass es in der Bibel heiße: „All Kreatur lobt Gott den Herrn!" Das spreche doch auch für ihn. Im Übrigen betonte er noch, er werde selbstverständlich über die heikle Angelegenheit schweigen wie ein Grab.

Der Pfarrer hatte sich für sein weiteres Vorgehen am nächsten Tag verschiedene Pläne zurechtgelegt. Er gedachte ferner, dem lästigen Bittsteller gegenüber eine härtere Tonart anzuschlagen. Dazu kam er aber nicht, weil ihm der Förster gleich nach seinem Eintritt dreihundert Euro für die neue Orgel auf den Tisch blätterte.

Als ihm der überraschte Pfarrer das Geld wieder hinschob, stimmte der Förster ein Klagelied an über die Kirche, die ihre Leute im Stich lasse. Schließlich begann er zu weinen.

Das bestärkte den Pfarrer in seiner Einschätzung, dass sein Pfarrkind an einer massiven Persönlichkeitsstörung leide und echte Hilfe brauche. Es kam in diesem Fall nur sein Plan B in Betracht. Er erklärte sich bereit, den Dackel zu taufen, müsse aber den alten lateinischen Ritus dazu hernehmen. Der Förster beruhigte sich und schaute bei der nachfolgenden „Taufzeremonie" interessiert zu. Sie war für seinen Geschmack zu wenig feierlich, was er auf das Kirchenlatein zurückführte und darauf, dass der Hochwürden keine Ansprache hielt. Nur der Wasti schien etwas zu ahnen, als er vom Pfarrer kräftig mit Leitungswasser besprengt wurde. Mit kräftigen Bewegungen schüttelte er sich das ungeweihte Wasser wieder aus dem Fell.

In der folgenden Nacht bekam der Pfarrer aber heftige Gewissensbisse über seinen Betrug.

Er suchte am Morgen den Dekan auf und offenbarte sich ihm. Dieser war ein linientreuer Steuermann, der den Kompass der Pastoral nie aus den Augen verlor. Er sah sich außerstande, seinem Mitbruder zu helfen und meinte, über eine derart verzwickte Rechtslage könne nur der Generalvikar oder der Bischof selbst entscheiden.

Einige Tage später beugte der Pfarrer schuldbewusst vor seinem Bischof das Knie und berichtete reumütig über seine Verfehlung. Dieser war sehr ungehalten über die unverzeihliche Amtspflichtverletzung seines Pfarrers. Er verpflichtete den Sünder, dem Herrn Liebl die Wahrheit zu sagen, ihn um Verzeihung zu bitten und das empfangene Geld zurückzuzahlen. Zum Abschied segnete er ihn mit zwei Fingern.

Leben und leben lassen

Das neumodische Wort Toleranz, das von der Stadt in die niederbayerischen Dörfer hinausgewandert ist, haben die Mühlhamer nicht gebraucht, denn sie hielten sich von jeher an den altbairischen Grundsatz: „Leben und leben lassen". Wollte einmal einer über den Zaun hinausgrasen, dann hat ihn der Bürgermeister, der ehrengeachtete Rankl Xaver, schnell wieder heimgetrieben.

So war es auch, als nach dem plötzlichen Hinscheiden des allseits beliebten Pfarrherrn vom Ordinariat ein neuer Herr in die Pfarrei eingewiesen wurde, dem das Gerücht nachfolgte, er sei strafversetzt worden, weil er gegen den Zölibat verstoßen habe.

Entrüstet stellte der Schneidermeister Holznadel, angestachelt von seiner besseren Ehehälfte, in der Gemeinderatssitzung den Antrag, die Gemeinde solle dem Ordinariat ihr Missfallen über die Berufung des neuen Seelenhirten ausdrücken und seine Abberufung verlangen. Da ist ihm aber der Rankl Xaver resolut über den Mund gefahren: „Nix da! Da Pfarrer bleibt da. D' Hauptsach is, dass er aufwandeln und ei'blasln ko. Des ander geht uns nix o. Mag er 's Bier und ko ma mit eahm redn, wiar a si ghört, dann is er unser Mo. Wiar a si macht, des wern ma nachher scho sehgn." Und damit meinte er die einzig noch ungeklärte Frage, ob der neue Pfarrer Schafkopfen kann.

Der Holznadel ließ aber nicht locker. Er meinte hinterkünftig, wenn der Bürgermeister sich auf die Seite der Unsittlichkeit stelle, dann werden er und manch andere schon wissen, was bei der nächsten Bürgermeisterwahl zu tun sei.

Der Rankl wollte in der ersten Aufwallung den Unruhestifter unter den Tisch schlagen, aber dann nahm er die kalt gewordene Pfeife aus dem Mund und verkündete laut und vernehmlich: „Ös kennts mi und i kenn eich. Wer mi wählt, der wählt mi und wer mi net wählt, der konn mi kreizweis …"

Er hat bei der nächsten Gemeindewahl wieder haushoch gewonnen. Es gab nur drei Nein-Stimmen. Eine davon hat der Rankl abgegeben, denn es gehört sich nicht, dass man sich selber wählt. Die zweite stammte vom Holznadel und die dritte ist vom Rankl seinem Weib gekommen. Sie hat es ihm auch brühwarm ins Gesicht gesagt, warum sie ihn nicht gewählt hat. So ein besoffenes Wagscheitl wie er, hat sie gemeint, verdiene es nicht, dass er Bürgermeister wird, indem dass er mit seinem ewigen Saufen ein ganz ein schlechtes Beispiel für die Jugend sei.

So sieht man auch aus dieser Begebenheit wieder, dass die Welt gar nicht so trostlos ist, wie sie auf den ersten Blick aussieht.

Und wenn heute ein Mühlhamer gefragt wird, wie sich der neue geistliche Herr macht, dann bekommt er zu hören: „Unser Pfarrer? Ja da feiht si nix. Des is a Mo, wiar a si ghört. Den gebn ma nimmer her."

Pater Guardians Erschießung

Es ist noch gar nicht so lange her, dass der Franziskanerbruder Eustachius, von seinen Mitbrüdern scherzhaft „Stacherl" genannt, mit einem Rucksack, einer großen Einkaufstasche und einem eichenen Hackelstecken bewaffnet, mehrmals im Jahr aufs Land hinauswanderte, um milde Gaben für die Armen einzusammeln, die täglich im Kloster Sankt Vitalis eine warme Mahlzeit bekamen. Es war beileibe keine Vergnügungsreise für ihn, denn gar manchmal musste er sich trotz seines treuherzigen „Gelobt sei Jesus Christus" grobe Reden oder ein elendes Quartier gefallen lassen. Das störte ihn nicht allzusehr, wenn sich nur sein Rucksack und die Tasche mit vielen Brotstückeln, Fleisch, Eiern und Schmalz füllten. Auf dem Heimweg wusste der brave Stacherl oft nicht mehr, ob ihn seine Füße noch bis zum Kloster tragen würden.

Ging das Geschäft gut, dann sang er lauthals lustige Lieder, ging es nicht so gut, betete er leise einen schmerzhaften Rosenkranz nach dem anderen.

Jeder Spender erhielt von ihm ein freundliches „Vergelts Gott". Die Buben und Mädchen, die das Vaterunser hersagen konnten, durften sich ein schönes Heiligenbildchen aussuchen. Für die unter dem Ehejoch leidenden Frauen hatte er ein tröstliches Sprüchlein parat und die Männer fragte er verschmitzt, ob eine Prise Schmaizler gefällig sei. Eine solche Aufforderung ließ sich keiner entgehen, denn der selbst geriebene Schmai des Eustachius war als überaus würzig bekannt. Die Beschenkten wiederum bedankten sich mit einem Stamperl Obstler. Oft gab es auch noch ein zweites oder drittes und dann konnte es schon geschehen, dass der Stacherl in die Stuben nicht mehr mit dem Gruß „Gelobt sei Jesus Christus" hineinstolperte sondern gleich mit der Frage: „Is a Pris gefällig?

So war es auch wieder am Tag nach Maria Verkündigung. Wo der Stacherl hinkam, schenkte man ihm ein Stamperl Obstler ein, weil er in seiner dünnen Kutte so erbärmlich fror. Man bedachte aber nicht, wie schnell aus einem Räuscherl ein Fetzenrausch wird. Als der Stacherl schon von einer Straßenseite auf die andere torkelte und eine Schar Kinder mit großem Hallo hinter sich herzog, hatte der Duschlwirt von Haunberg ein Einsehen mit ihm. Er ließ einspannen und den schwer beladenen Eustachius vom Hausl ins Kloster zurückfahren.

Der kühle Wind bewirkte, dass beim Stacherl die trunkene Müdigkeit allmählich verdunstete und dass ihn ein seltsamer Übermut überkam. Vor der Klosterpforte bedankte er sich überschwänglich bei dem Hausl mit einem saftigen Schnaderhüpfl und einem Heiligenbildchen. Dann schellte er heftig an der Klosterpforte.

Der Bruder Pförtner machte große Augen, als er dem schwankenden Mitbruder Rucksack und Tasche abnahm und dabei von einer Schnapsfahne gestreift wurde. Er bedeutete ihm, dass die hochwürdigen Herren Patres und die Fratres schon im Refektorium beim Abendessen versammelt seien und dass der Pater Guardian mehrmals nach ihm gefragt hätte.

Zielstrebig steuerte der Eustachius dem Speisesaal zu, riss die Tür heftig auf und torkelte ein paar Schritte hinein. Neugierig blickten ihn seine Mitbrüder an. Dann legte der Stacherl hin- und herschwankend seinen Hackelstecken wie einen Zimmerstutzen an die unrasierte Wange, drückte das linke Auge zu, machte den Finger krumm und rief mit lallender Stimme: „Pater Guardian! Patsch! Pum!"

Die Wirkung dieses Auftrittes war überwältigend. Die Patres hielten sich den Bauch vor Lachen und auch der Pater Guardian musste schmunzeln. Er gab zwei Novizen ein Zeichen, den betrunkenen Eustachius in seine Zelle zu führen.

Als ihm am anderen Morgen seine Mitbrüder erzählten, was er angestellt hatte, erschrak er bis ins Herz hinein. Er konnte sich zwar an nichts mehr erinnern, aber er ahnte, welches Gewitter sich über ihm zusammenbraute. Eine empfindliche Strafe war ihm gewiss. Um zehn Uhr vormittag endlich kam die Weisung, sich unverzüglich beim Pater Guardian einzufinden.

Der Stacherl stieg mit wackligen Knien in den ersten Stock hinauf, wo sich das Amtszimmer des Guardian befand. Er trat mit gesenktem Haupt vor den Pater Guardian hin, warf sich auf die Knie und stammelte: „Pater Guardian, ich bitte um eine strenge Bestrafung für meine schlechte Aufführung."

Der Guardian, der sich vorgenommen hatte, die Entgleisung seines Fraters nicht allzu ernst zu nehmen, blickte mit einem Lächeln auf den Übeltäter nieder und fragte:

„An welche Strafe hast du denn gedacht, Bruder Eustachius?"

Der Delinquent antwortete mit unsicherer Stimme:

„Ich bin nicht mehr würdig, die Liebesgaben für das Kloster einzusammeln und bitte den hochwürdigen Pater Guardian, mich in die Gärtnerei zu versetzen. Außerdem werde ich ein viertel Jahr nicht mehr schnupfen." Hierauf holte er sein geliebtes Schnupftabakglasl aus dem Ärmel und reichte es demütig dem Guardian hin. Dieser drückte ihm das Glasl wieder in die Hand und antwortete: „Frater Eustachius, steh auf und höre, was ich beschlossen habe. Du wirst weiterhin im Namen des heiligen Franziskus aufs Land hinausgehen und die Liebesgaben für unsere Armen einsammeln, denn du bist der Einzige von uns, der keine Angst vor Hunden und Flöhen hat. Was täten wir mit dir in der Gärtnerei? So wie du bist, so hat dich der liebe Gott bis jetzt brauchen können und er will, dass du den Leuten weiterhin dein fröhliches Herz schenkst. Und wenn dir künftig ein Obstler angeboten wird, dann denkst halt nach dem vierten Stamperl: „Jetzt reichts. Die Evangelisten sind auch nur vier gewesen."

Eustachius hatte Tränen in den Augen, weil die Rede des Guardian so schön war und er wollte ihm voll Dankbarkeit die Hände küssen, aber dieser versteckte sie schnell in den weiten Ärmeln seiner Kutte, denn er war selbst ganz gerührt.

Als der Stacherl schon an der Tür war, kam dem Guardian ein listiger Einfall. Er wollte sich und seinen Mitbrüdern noch einmal das köstliche Bild gönnen, das der übermütige Stacherl im Refektorium geboten hatte. Deshalb rief er ihn zurück: „Halt, Frater Eustachius! Wir zwei sind noch nicht fertig miteinander. Eine Buße muss sein, denn man erschießt nicht ungestraft seinen Pater Guardian. Ich befehle dir, dass du heute abend wieder in das Refektorium kommst und mich genauso wie gestern erschießt. Und nun geh in Frieden!"

Der Eustachius verneigte sich stumm und zog sich dann zurück. Er war dankbar für die vermeintlich milde Strafe, aber im Laufe des Tages wurde er immer unsicherer, denn er konnte sich keinen Reim darauf machen, worauf der Guardian hinauswollte.

Endlich kam die Zeit des Abendessens. Der Stacherl wartete, bis seine Mitbrüder im Refektorium versammelt waren, dann öffnete er die Tür und trat schüchtern ein. Er blickte unsicher umher, legte mit zitternden Händen den Hackelstecken auf den Pater Guardian an und sagte kleinlaut: „Pater Guardian, bumm."

Wieder erhob sich ein fröhliches Gelächter im Speisesaal. Als endlich Ruhe eingekehrt war, fragte der Guardian: „Frater Eustachius, warum hat heute dein Schuss viel leiser geklungen als gestern?"

Da antwortete der Stacherl treuherzig: „Ja mei, Pater Guardian, gestern hab ich halt viel mehr geladen ghabt."

Der Bauernaufstand von Kraglfing

Der bayerische Historiker Benno Hubensteiner hat einmal geschrieben, dass bei unserem altbairischen Stamm zu Zeiten die negativen Eigenschaften durchschlagen: nämlich das Rüde, Ungeleckte, Breit-Vitale; das Aufsässige und das Bockbeinig-Stützige. Dass diese Behauptung ein wenig über das Ziel hinausschießt, zeigt die folgende Geschichte, in der sogar ein Bauernaufstand auf recht friedliche Weise sein Ende gefunden hat. Sie hat sich um das Jahr 1960 zugetragen und es ging dabei um die uralte Frage, wie lange eine Sonntagspredigt dauern soll.

Seit geraumer Zeit waren die Kraglfinger Schäflein mit ihrem Hirten, dem Pfarrer Antonius Grassl, nicht mehr eins. Sie schickten deshalb eines Tages, als es nach ihrer Meinung mit ihm überhaupt nicht mehr umging, ihren Bürgermeister mit einer Delegation der Kirchenverwaltung in die Stadt zum bischöflichen Ordinariat, um die Ablösung des störrischen Pfarrherrn zu betreiben.

Nach mancherlei Hindernissen ist es ihnen mit Schläue und Beharrlichkeit gelungen, sich bis zum Hochwürdigsten Herrn Generalvikar durchzukämpfen.

„Nun, was haben wir denn auf dem Herzen?", fragt dieser salbungsvoll, aber auch neugierig. Der Bürgermeister tut seinen Hut herunter und sagt: „Bois Eahna recht is, Herr Prälat, nachad sitz ma uns z'erst amoi nieder. Da red't ma si leichter." Nachdem dies gnädig gestattet ist, fährt er mit seiner einstudierten Rede fort: „No ja, Herr Generalvikar, i muass Eahna im Namen der Gemeinde Kraglfing de betrübliche Mitteilung macha, dass 's mit unserm Pfarrer, Grassl Anton schreibt a si, nimmer so weiter geht, indem dass er jeden Sonntag so lang predigt, dass dahoam de Knödl verkochan.

Es is a mordsmäßige Rebellion in da ganzn Gmoa. Es schaugt grad a so her, wia wenn er's uns extra mit Fleiß macha taat. Vialleicht lasst as si a so einrichten, dass da Grassl auf Lichtmess geh muass und a neier Herr aufziahgt."

Die Delegationsmitglieder schauen bewundernd auf ihren redegewandten Bürgermeister. Damit seine Rede mehr Gewicht kriegt, haut jetzt der Kirchenpfleger Gschwendtner noch einen Trumpf heraus: „Und was er für an Zeug z'sammpredigt. Der Schmaatz is nimmer zum Ohörn. In oana Tour schimpft er über de Schlechtigkeit und den Unglauben in da Welt. Wenn er wenigstens vom Fluacha oder übers sechste Gebot predigen taat. Da taat ma uns auskenna, auf was dass er naus wui, aber bei seim Gred über de Schlechtigkeit woaß ma nia, wer gmoant is."

Der Stettner Simerl, der auch nicht aufs Maul gefallen ist und sich diplomatisch ausdrücken kann, nimmt ein bisschen den Dampf heraus: „Er find't hoid koa End net, Herr Prälat, kimmt auf des und dessell, sodass i scho oft bei da Predigt mei Uhr gschüttelt hab, weil i gmoant hab, sie is steh bliebn. I derf maustot umfoin, wenn's net a so is."
Daraufhin nimmt sich der Käsbauer Alise das Wort, nachdem er seinen Schnurrbart kampfbereit hochgezwirbelt hat: „Dauernd verzapft er so an Kaas, dass ma net woaß, ob ma lacha oder woana soi. Grob sei derf er in der Predigt wiar a mag, wenn a moant, dass s' sunst net o'rührt. Mia san net de Bravern, aber was z'vui is, des is z'vui, sag i allerweil, und des brauchts nachad do scho net, dass dahoam de Knödl verkochan. Net wahr?"

Jetzt spitzt die gschnappige Kramer Lies den Mund und meldet sich ungestüm zu Wort: „Und wenn eahm gar nix mehr eifoit, nachad kimmt er mit so am saudumma Hirtenbrief daher!"

Das war ein Volltreffer. Da der Herr Generalvikar bei dieser Anschuldigung sein hübsches Gesicht arg verzieht, kommt ihr der Kirchenwirt zu Hilfe:

„Es is net grad zwengs de Knödl, Herr Prälat. Davo redd ma net. Aber bei mir z'reißts jeden Sonntag de Weißwürst, indem dass mei Oide nia net woaß, wann s' d' Würst eilegn soi. Und des is nachad do scho koa Macha nimmer."

Der Bürgermeister meint, dass genug geredet ist und er bringt seine Leute mit einer energischen Handbewegung zum Schweigen. Dann fasst er das Gesagte zusammen: „Dass ma uns recht verstehnan, Herr Generalvikar. Mia konn eahm sunst nix nachsagn. Durchaus gar net. Da taat ma uns versündigen. Wenn de saudumma Knödl und de platzten Weißwürst net waarn, kaant ma ja no amoi übern Grassl redn."

Der Generalvikar hat jetzt wieder sein Kinderlächeln im Gesicht. Nach kurzem Nachdenken sagt er väterlich: „Nun, meine lieben Kraglfinger. Das sind sehr harte Vorwürfe gegen meinen Pfarrer Grassl. Ihr werdet verstehen, dass ich mich erst endgültig äußern kann, wenn ich auch die andere Seite gehört habe. Aber soviel scheint mir schon jetzt klar zu sein: Die Gräben zwischen Pfarrer und Pfarrgemeinde sind offenbar so tief, dass mir, sollten sich die Vorwürfe bestätigen, nichts anderes übrig bleibt, als den Pfarrer Grassl auf eine andere Stelle zu versetzen."

Diese Rede löst ein beifälliges Gemurmel bei seinen Zuhörern aus. Doch dann breitet der Prälat seine Arme aus, als ob er die ganze Welt umarmen wolle und er verkündet mit samtweicher Stimme. „Es muss Euch, meine Lieben, aber auch klar sein, dass ich Euch bei dem derzeitigen Priestermangel beim besten Willen keinen anderen Pfarrer geben kann. Die Pfarrei Kraglfing muss also notgedrungen der Nachbarpfarrei Hofkirchen zugeschlagen werden."

Entsetzen macht sich auf den Gesichtern der Delegationsmitglieder breit. Als Erster erholt sich der Bürgermeister von diesem Schlag. Er setzt resolut seinen Hut auf mit dem unfeinen Ausruf: „Ja da varreck!" Dann baut er sich in voller Größe vor dem Prälaten auf und fixiert ihn mit eisernem Blick: „Hab i recht ghört? Is des Eahna letztes Wort? Sie woin uns mit de notigen Hofkirchner z'sammschmeißn? Oafach so? Und sunst können S' nix macha, sagn S'?" Der Generalvikar schüttelt betrübt das Haupt. „Wenn des a so is", fährt der Bürgermeister fort, „nachad bhoiddn mia in Gotts Nam wieder an Grassl und schaugn, dass man uns selber riegeln können. Des waar ja no schöner, wenn ma uns künftig mit dem hagelbuachern Benefiziaten Dirrigl vo Hofkircha oweärgern müassatn. So schlecht is da Unser aa wieder net, wia Sie tean. Und überhaupts: Mia lassen uns da nix dreinredn. Scho glei gar net! Pfüat Eahna, Herr Prälat und nix für unguat, gell. Mia bleibn de Gleichen."

Die Fastenkur des Don Alfonso

Eine dreiste Fliege hat den Hochwürden Don Alfonso vorzeitig aus dem Mittagsschläfchen geweckt. Erbost schlägt er nach ihr, denn er hat gerade im Traum seine Leibspeise gegessen, ein Dutzend knusprig gebratene Sperlinge in Senfsoße und geröstetes Weißbrot. Wütend springt er von seinem Ohrensessel auf und versucht seine Soutane zuzuknöpfen, aber die bösen Knöpfe springen wieder auf, als ob sie ihn daran erinnern wollten, dass er in der letzten Zeit zu üppig gelebt hat.

Jemand reißt unten im Erdgeschoß ungestüm an der Glocke, poltert die Treppe herauf, stößt, ohne anzuklopfen, die Türe zu seinem Amtszimmer auf. Schwankend wie ein Betrunkener nähert sich der Mesner Pietro Pertone seinem Pfarrherrn. Jetzt steht er zitternd vor ihm und schluchzt: „Das Fingerknöchelchen der Santa Rosalia ist verschwunden!" Die Spitzen seines Schnauzbartes hängen ihm wie Rattenschwänze ins Gesicht. „Was ist verschwunden?", fragt Don Alfonso ärgerlich. „Schäm dich, Pertone, dass du schon am frühen Nachmittag voll wie eine Haubitze zu mir kommst!" Pertone bewegt seine Lippen, aber er bringt keinen vernünftigen Satz heraus. Don Alfonso versteht nur die Worte „Fingerknöchelchen" und „gestohlen". Er beginnt zu ahnen, was geschehen ist. Kreidebleich, die Augen furchterregend aufgerissen, schreit er den Mesner an: „Was sagst du? Was ist gestohlen worden? Sag das noch einmal!" Pertone stottert: „Das Fingerknöchelchen, Don Alfonso, das Fingerknöchelchen der Santa Rosalia!"

Don Alfonso lässt sich schwer in den Sessel fallen. Kalter Schweiß steht ihm auf der Stirne. Mühsam knöpft er sich den Gummikragen auf. Mit stumpfen Blicken betrachtet er seinen Mesner. Dann überkommt ihn die Wut. Er springt auf, packt ihn am Hals und schüttelt ihn wie einen Sack. „Du Individuum! Du verworfenes Subjekt! Du Judas! - Für wie viel Geld hast du deine schwarze Seele verkauft?" Pertone zuckt bei jedem Ausruf zusammen. Er hält seine mageren Hände vor das Gesicht, um die erwarteten Schläge abzuwehren. „Wie viel hat dir der Padrone dafür bezahlt? Wie viel? Warum hast du mir verschwiegen, dass du Schulden hast? Du elender Schurke! Bestiehlst unsere Schutzpatronin!" Pertone ist unfähig, sich zu verteidigen. Er weint leise vor sich hin. „Ich bin unschuldig, Don Alfonso! Wir sind beraubt worden!", stammelt er.

Don Alfonso betrachtet das Häufchen Elend, dann packt er seinen Mesner am Rockärmel und zerrt ihn mit Gewalt in die Kirche. Die Türen des Tabernakels stehen weit offen. Pertone deutet mit seinem nikotingelben Zeigefinger auf die Stelle hin, wo das goldene Kreuz mit der kostbaren Reliquie der heiligen Rosalia immer gestanden ist. Jetzt ist der Platz leer. Trotzdem greift Don Alfonso hinein, schreit: „Nichts! Nichts! Alles leer, du Dieb, du Lump! Du wirst ewig in der Hölle braten!" Dann besinnt er sich, dass er in der Kirche ist und mäßigt seine Stimme: „Knie dich nieder und schwöre bei unserer lieben Frau von Loreto, dass du das Kreuz nicht gestohlen und verkauft hast. Schwöre beim Allerheiligsten, dass du unschuldig bist." Pertone schwört, was der Pfarrer verlangt. Schweigend kehren sie in das Amtszimmer zurück. Don Alfonso schlägt nun einen vertraulichen Ton an: „Wir sitzen sauber in der Tinte, Pertone. Wenn die Sache ruchbar wird, gibt es einen fürchterlichen Skandal. Ist dir das klar? Man wird uns verachten und wir müssen unsere Heimat verlassen. Was geschehen ist, muss unter uns bleiben. Kein Wort zu deiner Frau! Hast du mich verstanden?" Pertone nickt eifrig. „Lass uns überlegen, wann wir das

54

55

Reliquienkreuz zum letzten Mal in der Hand gehabt haben.
Streng dein Spatzenhirn an."

„Am Patrozinium der Santa Anastasia, am 15. April, haben wir die Leute beim Feldgottesdienst mit dem Reliquienkreuz gesegnet", entgegnet Pertone eifrig. Der Pfarrer überhört das ungebührliche „wir". „Und? Was war dann?" „Dann
ist das Kreuz eine Weile allein auf dem Feldaltar gestanden,
wie wir das Spanferkel gegessen haben". „Und", bohrt der
Pfarrer weiter, „wer hat das Kreuz in die Kirche zurückge-
tragen?" Pertone lässt die Schulter fallen und gibt schuldbewusst zur Antwort: „Ich weiß es nicht mehr. Ich habe zu
viel Wein getrunken, weil er nichts gekostet hat." Don Alfonso herrscht ihn an: „Aber ich weiß es! Es ist deine Aufgabe gewesen, Pertone! Dir war das Kreuz anvertraut. Wehe,
du bringst es nicht zurück!" Pertone fängt wieder zu weinen
an. „Hast du alles abgesucht, Pertone?", setzt der Pfarrer die
Befragung fort. „Ja, Herr!" „Und nichts gefunden?" „Nein!"
„Das Schloss des Tabernakels war nicht beschädigt, als du
heute aufgesperrt hast?" „Nein!" „Dann muss sich jemand
mit einem Nachschlüssel Zugang zur Kirche und zum Tabernakel verschafft haben".

Pertone schlägt vor, sofort die Polizei zu benachrichtigen.
„Du bist ein Esel, Pertone, mehr als ein Esel! Du bist von
allen guten Geistern verlassen. Wenn einmal der Polizeipräfekt von der Sache erfährt, sehen wir die Reliquie nie wieder.
Das könntest du wissen. Wenn wir die Sache anzeigen, haben wir morgen zwanzig Carabinieri im Dorf und übermor-
gen kann der Heilige Vater in Rom in der Zeitung lesen, dass
sein Pfarrer von San Luca ein ungetreuer Knecht ist. Und
du wanderst ins Gefängnis. So ist das Gesetz! Du siehst ein,
dass wir das Versteck der Reliquie selber aufspüren müssen.
Wir haben vier Wochen Zeit bis zum Patrozinium der heili-

gen Rosalia am 4. September. Und wehe uns, wenn wir das Reliquienkreuz bis dahin nicht gefunden haben!"

„Ein Fingerknöchelchen könnte ich schon beschaffen", meint Pertone treuherzig. „Der Totengräber ist mein Freund und würde mir schon eins besorgen." „Du bist verrückt, Pertone, und ein schlechter Mensch obendrein. Was nützt uns ein Fingerknöchelchen, wenn wir das Geld für das goldene Reliquienkreuz nicht haben? Und außerdem, was würde wohl die heilige Rosalia sagen, wenn wir sie mit einem falschen Fingerknöchelchen betrügen würden? Wir wollen lieber auf die Hilfe der allerseligsten Jungfrau von Loreto vertrauen. Geh jetzt nach Hause und stelle mir eine Liste zusammen, wer von den Pfarrangehörigen für den Diebstahl in Frage kommt. Vergiss nicht, dem heiligen Antonius eine große Kerze zu stiften. Denke an deine fünf unmündigen Kinder!" Pertone küsst dem Hochwürden dankbar die Hand und schleicht wie ein geprügelter Hund aus dem Zimmer.

Die Tür wird erneut geöffnet. Donna Filomena, die Schwester Don Alfonsos schlüpft ins Zimmer. Ihr feuerroter Kopf lässt vermuten, dass sie an der Türe gelauscht, aber leider nicht alles verstanden hat. Seit mehr als vierzig Jahren führt sie ihrem Bruder schon in geschwisterlicher Treue den Haushalt, immer bestrebt, dass sein Morgenkaffee genau so ist, wie er ihn gerne mag. Sie ist ein gut gefüttertes, ältliches Fräulein mit klugen lebhaften Augen. Ihr pfiffiges Gesicht zeigt, dass sie ihren hochwürdigen Bruder zuweilen um den Finger wickelt.

Jetzt steuert sie geradewegs auf ihr Ziel los. „Alfonso, was wirst du tun?", fragt sie mit Tränen in den Augen. Der Bruder tut, als ob er nichts gehört habe. „Barmherziger Gott, was willst du tun, Alfonso?" „Nenn mich nicht immer Alfonso! Das gehört sich nicht! Kümmere dich um deine eigenen Angelegenheiten. Geh in die Küche zurück, bevor mein Braten anbrennt!" Aber Donna Filomena lässt sich nicht so leicht abschütteln. „Ich weiß, dass etwas geschehen ist. Du hast ja gebrüllt, dass man es im ganzen Haus hören konnte." Don Alfonso wird wütend: „Wenn ich sage, dass dich die Sache nichts angeht, dann geht sie dich nichts an! Verstanden? Verschwinde jetzt und lass mich in Ruhe!" Die Schwester zieht sich gekränkt zurück. An der Türe bleibt sie stehen und spielt ihren letzten Trumpf aus: „Gut, wenn du mir nichts sagen willst, dann muss ich mir meine Informationen eben anderswo holen." Don Alfonso kennt sie und sich gut genug, um zu wissen, dass er sein Geheimnis auf Dauer nicht vor ihr verbergen kann. Deshalb beschließt er, sein Herz sofort zu erleichtern. Er winkt sie zu sich heran und erzählt ihr flüsternd, was passiert ist, nachdem er ihr das Versprechen abgenommen hat, wie ein Grab zu schweigen. Sie schlägt vor, unverzüglich dem Erzbischof zu schreiben und den Diebstahl anzuzeigen. „Unser Erzbischof", meint sie, „ist ein herzensguter und verständiger Mann – denk nur daran, wie ihm meine Apfelküchelchen immer schmecken, wenn er bei uns Station macht – er wird dich nicht verdammen!"

„Seine Excellenz Don Angelo Monti wird mir etwas pfeifen", antwortet der Bruder traurig, „er wird mich in ein Priesterheim stecken und du kannst dir einen neuen Herrn suchen. Wir können nur abwarten und den Mund halten, bis das Reliqienkreuz wieder da ist. Verstehst du mein Täubchen?" Donna Filomena errötet bis unter die Haarwurzeln und kündigt feierlich an, dass sie sofort eine neuntägige Novene beginnen werde, um einen glücklichen Ausgang zu erflehen.

Nach einer schlaflosen Nacht beschließt Don Alfonso, sogleich in die Stadt zu fahren und seinen Beichtvater, den Kapuzinerpater Felice Vittore um Rat zu fragen. Nach dem Frühstück begibt er sich, mit Schirm und Rosenkranz bewaffnet, zum Bahnhof. Kaum hat er sich seufzend in einem leeren Zugabteil niedergelassen, kommt der Geflügelhändler Salvatore herein und begrüßt ihn überschwänglich. Neugierig wie eine Maus versucht er mit diplomatischen Fragen herauszufinden, was sein Pfarrer schon so früh am Morgen in der Stadt zu erledigen hat. Don Alfonso zeigt ihm ein fröhliches Gesicht und lächelt zweideutig auf die zaghaften Anspielungen des Salvatore, der Herr Hochwürden sei bestimmt auf dem Weg zum Erzbischof. Seine Ernennung zum Monsignore oder gar zum Domkapitular sei für ihn und die Pfarrei San Luca schon lange keine Überraschung mehr. Don Alfonso sagt nicht ja und nicht nein. Er lässt nur seine Augen schimmern wie Spiegeleier.

Padre Felice Vittore ist ein Achtung gebietender asketischer Kapuziner, dem aufgrund seiner funkelnden Augen nachgesagt wird, über seherische Fähigkeiten zu verfügen. Sein kahler Kopf und die scharf gespitzte Nase lassen auf hohe Intelligenz und Zielstrebigkeit schließen. Nachdem Don Alfonso gebeichtet hat, beschließt der Padre sofort, den Schlendrian in San Luca mit Stumpf und Stiel auszurotten. Er plustert sich auf wie eine Krähe im Winter und sieht sein Beichtkind mit eisigem Blick an. „Du hast gut daran getan, mein Sohn, dass du gleich zu mir gekommen bist, denn diese Angelegenheit ist ärger als du denkst. Die Schmach, die ihr der Santa Rosalia angetan habt – der Padre verneigt sich bei diesem wohlgelungenen Satz vor seinem Betstuhl – ist offensichtlich nur die Spitze des Eisberges."

Don Alfonso sieht seinen Beichtvater verblüfft an. Er spürt, dass er jetzt etwas zu seiner Verteidigung sagen muss und wendet zerknirscht ein: „Wir sind alle gute und aufrichtige Katholiken in San Luca. Nur weil ein schwarzes Schaf unter uns ist …" Der Padre lässt ihn nicht ausreden. „Du hast mich nicht richtig verstanden, mein lieber Mitbruder, weil du die

Schuld nicht bei dir suchst, sondern bei anderen. Kehr um, bevor es zu spät ist. Bekehre dich, dann werden auch deine verirrten Böcklein wieder zur Herde zurückkehren." Blass und gequält hört ihm Don Alfonso zu. „Ich frage dich", fährt der Padre eiskalt fort, „ob du noch an Gott glaubst! Schau dich an, wie du daherkommst! An deiner Soutane fehlen zwei Knöpfe. Mir scheint, dass die Pfarrei San Luca unter ihrem nachlässigen Hirten ein steiniger Acker geworden ist, auf den es schon lange nicht mehr geregnet hat. Danke Gott, dass ich gerade in den nächsten zwei Wochen keine Exerzitien zu halten habe und schon am Sonntag in San Luca die dringend nötige Volksmission beginnen kann."

Don Alfonso, der seinen Besuch beim Padre schon bereut hat, verneigt sich ehrerbietig vor ihm, um anzudeuten, dass ihm alles recht ist.

„Ich werde kommen!", wiederholt der Padre noch einmal mit Entschlossenheit. „Ich werde euch alle bekehren. Ich werde solange predigen, bis der Dieb das gestohlene Reliquienkreuz reumütig zurückbringt. Am Ende der Mission werden wir entweder einen feierlichen Dankgottesdienst oder eine Sühneprozession abhalten. Bereite alles gewissenhaft vor, Don Alfonso, und nun geh mit Gott!"

Skeptisch und niedergeschlagen kehrt Don Alfonso in seine Pfarrei heim. Schon am nächsten Tag kündigt er nach der Heiligen Messe die bevorstehende Volksmission an.

Der feierliche Einzug des Kapuziners in San Luca ist eine kleine Sensation. Es wird viel getuschelt. Der Padre verliert in seinem Eifer bald die Bodenhaftung. Er predigt vor allem über die Todsünde der Geldgier, verdammt die Diebe, führt ihnen anschaulich die zu erwartenden Höllenqualen vor Augen und fordert sie zur Buße und zur Rückgabe der gestohlenen Güter auf. Das Ergebnis ist niederschmetternd. Nur

eine magere Ziege wird nächtens an die Kirchentür ange-
bunden. Die Gläubigen murren. Soll doch Don Alfonso ein
Monsignore oder unsertwegen auch Papst werden, wenn er
will, aber uns soll man gefälligst in Frieden lassen. Wir sind
ordentliche Christen und haben es nicht nötig, uns als ehr-
lose Schurken hinstellen zu lassen.

Der Padre gibt keine Ruhe, bis alle Frauen und Männer bei
ihm gebeichtet haben, aber in der bewussten Angelegenheit
kommt er keinen Schritt weiter. Das Reliquienkreuz bleibt
verschwunden, und auch die Gottesdienstbesucher werden
immer weniger.

Im Pfarrhof wird ein strenges Fasten eingeführt. Don Alfonso
bekommt auf Weisung des Padre nur noch dünnen Kaffee
und trockenes Brot. Er magert ab, dass es seine Schwester
nicht mehr mitansehen kann.

Nun ruft Donna Filomena, die auch Vorsitzende der Kon-
gregation der treuen Töchter Mariens ist, die Mobilmachung
aus. Über dem Tabernakel des Hochaltares werden jeden Tag
frische Blumen aufgestellt. Vor dem Mutter-Gottes-Altar
und vor den Statuen des heiligen Antonius und der heiligen
Rosalia brennen teuere Kerzen. Die Mitglieder der Kongre-
gation beten abwechselnd bis zum Abend vor dem Allerheiligsten. Der Padre sieht es mit Wohlgefallen, aber es ist ihm
noch nicht genug.

Don Alfonso lässt Pertone zu sich kommen. „Wir haben nur
noch wenige Tage bis zum Namensfest der Santa Rosalia,
Pertone. Wir müssen handeln. Denk einmal nach. Wie kann
der Padre mit seinen Predigten über das Stehlen Erfolg haben, wenn in der Pfarrei nichts gestohlen wird? Wenn du
mich lieb hast, Pertone, dann stehle etwas." Pertone schaut
den Hochwürden verblüfft an. „Du hast richtig gehört, Pertone. Einer von uns beiden muss es tun und das bist du, denn

nur ich kann dir die Absolution spenden, während du sündigst. Lass den Hund des Bürgermeisters oder das Dienstfahrrad des Postboten verschwinden. Du kannst meinetwegen auch meinen Pfirsichbaum ableeren. Schau mich nicht so vorwurfsvoll an. Klaue, was dir in die Finger kommt! Geh mit Gott mein Sohn, aber klaue!" Endlich begreift Pertone, auf was sein Pfarrherr hinaus will. Er verabschiedet sich eilig.

Am nächsten Tag ist das Dorf in heller Aufregung. Der Hund des Bürgermeisters ist spurlos verschwunden. Im Pfarrgarten ist der Pfirsichbaum abgeleert worden. Donna Filomena ist entsetzt und der Padre wird jetzt unausstehlich. Er mäkelt ununterbrochen an Don Alfonso herum. Zu allem Unglück, der Padre spricht sofort von Sabotage, ist ein schwarzer Straßenköter in die Kirche hineingelaufen, als der Padre gerade vom Satan predigte. Daraufhin lässt der beleidigte Padre dem Pfarrer ausrichten, dass er am kommenden Sonntag nach dem Hochamt ein öffentliches Schuldbekenntnis von ihm erwarte.

„Dio mio!", jammert Donna Filomena, die schon seit Tagen schwarz gekleidet in den Häusern der Nachbarn herumstreicht und nach ihren Pfirsichen sucht. „Was wird noch alles über uns kommen? Seit der Padre da ist, kann ich nicht mehr beten, Alfonso. Gott verzeih mir die Sünde, immer denke ich daran, ihn zu vergiften." „Sei still", flüstert Don Alfonso, „wenn das der Padre hört, wirst du exkommuniziert." Donna Filomena räuspert sich, was bedeutet, dass sie noch nicht alles gesagt hat. „Übrigens, dein Freund Pertone benimmt sich sehr verdächtig!" „Wieso? Was meinst du damit?" „Meine Leute haben herausgefunden, dass bei Pertone schon seit zwei Tagen Marmelade gekocht wird", sagt Donna Filomena triumphierend. Gestern Nacht sind beim Müller drei Legehennen gestohlen worden und heute riecht es bei Pertone nach Hühnersuppe! Außerdem hat Signorina

Locati gesehen, dass die Pertone-Kinder in der Schule zum Pausebrot selbstgemachte Pfefferwurst gegessen haben." Don Alfonso macht ein betretenes Gesicht und flüstert: „Du hast recht. Das ist sehr verdächtig. Ich werde mir den Mesner noch heute vorknöpfen. Halte du die Augen weiter offen, mein Mäuschen." Er tätschelt ihr liebevoll den molligen Handrücken und begibt sich dann geschäftig in die Küche, um den für den Padre vorbereiteten Fisch zu dämpfen, in der Hoffnung, dessen Seeleneifer durch reichliches Essen lahmlegen zu können.

Am folgenden Morgen fährt Don Alfonso, zu allem entschlossen, wieder mit dem Zug in die Stadt. In der Tasche hat er die Adresse eines Mafioso, die ihm der Mesner besorgt hat.

Zwei Stunden später sitzt er in einem vornehm eingerichteten Büro vor dem Sekretär des Padrone. Don Alfonso schildert mit knappen Worten sein Anliegen, der Signore hört lüstern zu. Als Don Alfonso rundheraus fragt, was die Wiederbeschaffung des Reliquienkreuzes kosten würde, entgegnet der Sekretär, seine ehrenwerte Gesellschaft verdiene sich den kärglichen Lebensunterhalt nur mit dem Ausschlachten von herrenlosen Autos, aber nicht mit Antiquitätenhandel. Soviel er beurteilen könne, handele es sich um einen heiklen und zeitraubenden Auftrag. Er müsse daher erst mit seinem Boss reden. Er verschwindet in einem Hinterzimmer. Nach einiger Zeit kommt er mit dem Bescheid, man werde den Auftrag für achttausend Euro annehmen. Der Hochwürden brauche nur zu sagen, in welcher Kirche ein ähnliches Kreuz stehe, dann könne er „das Zeug" in drei Tagen abholen. Don Alfonso spreizt erschrocken seine Finger aus und stammelt, er wolle natürlich sein eigenes Reliquienkreuz wieder haben. In diesem Fall, meint der Sekretär unwillig, müsse das Honorar nach Arbeitsstunden abgerechnet werden. Die Kosten würden sich aber halbieren, wenn der Herr Hochwürden seinem Padrone die Absolution für eine begangene leichte Körperverletzung mit Todesfolge erteilen würde. Don Alfonso verspürt eine starke Übelkeit in seinem Magen. Er verabschiedet sich rasch mit dem Versprechen, am nächsten Tag wieder zu kommen. Nur die Angst vor dem Padre hält ihn davon ab, sich in der Bahnhofsgaststätte einen Rausch anzutrinken.

Vor dem Pfarrhof wartet Pertone. Er winkt schon von weitem mit einem weißen Taschentuch. Don Alfonso beginnt zu laufen. Eine süße Ahnung überfällt ihn. Als er vor Pertone steht, flüstert dieser: „Don Alfonso! Unsere liebe Frau von Loreto und der heilige Antonius haben uns erhört. Das Fingerknöchelchen der heiligen Rosalia ist wieder da!"

Diese Nachricht erfüllt Don Alfonso mit einer unbändigen Freude. Er reißt Pertone an sich und küsst ihn auf beide Wangen. „Wo ist es?", schreit er auf. „Wo war es?" Pertone berichtet stolz, dass er das Reliquienkreuz gefunden habe. Als er aus dem Sakristeischrank der Filialkirche von St. Anastasia den Rauchmantel für die Sühneprozession hervorgeholt habe, sei das Kreuz dahinter gestanden. Und jetzt sei es ihm auch wieder eingefallen, dass der Herr Hochwürden selbst …" Don Alfonso hält ihm den Mund zu, denn eben erscheint Donna Filomena. Don Alfonso umarmt auch sie in seiner Freude. „Das Reliquienkreuz ist wieder da", sagt er bewegt, „und jetzt, mein liebes Filomenchen, darfst du mir ein Dutzend Sperlinge braten mit rosig geräuchertem Bauchspeck. Röste dazu einen Wecken Weißbrot und hole aus dem Keller eine Flasche von unserem besten Frascati!" „Und was ist mit deinem Freund Pertone?" „Der? – Seit wann ist der mein Freund? Der hat jetzt dringend eine Fastenkur nötig!"

ıeinde kommt, be-
,en Abtastens, Fra-
Pfarrkinder wollen
haben, denn wenn
nuss man ihn heut-
re aushalten. Man
für ein Landsmann
welche „Suchten"
ıd ob er raucht und
sich schon vor sei-
d die Kirche ange-
ger nach den wei-
ıftigen Wirkungs-

ə Pfarrer im Pfarr-
hof aufzog. Die Pfarrangehörigen waren froh, dass sie einen Seelsorger bekommen hatten. Da zahlte es sich wieder
einmal aus, dass ihr Bürgermeister ein Vetter des Generalvikars war.

Der neue Pfarrer wurde mit Fahnenabordnungen und Blasmusik vom Pfarrhof zur festlich geschmückten Kirche geleitet, wo die heilige Messe gefeiert wurde. In seiner Erscheinung lag etwas Vornehmes und Sympathisches. Sein Haupt
war vom vielen Denken schon ein wenig kahl geworden,
aber sonst war er noch eine stattliche Erscheinung. Seine
Predigten, im Windkanal der Moral- und Pastoraltheologie
entwickelt, waren wasserdicht wie Schweizer Uhren. Man
konnte sich gemütlich im Kirchenstuhl ausstrecken und das
Dargebotene wie im Theater genießen.

Doch schon in der ersten Pfarrgemeinderatssitzung erklärte
der Pfarrer den Anwesenden, dass er einige Neuerungen

einführen wolle. Die große Glocke habe einen Sprung und müsse baldmöglich ersetzt werden. Die Kirche habe schon seit Jahrzehnten keine Farbe mehr gesehen und sollte bei der Renovierung entrümpelt werden. Vor allem störe ihn die Gipsfigur des heiligen Sixtus am rechten Seitenaltar, der Gott sei 's geklagt, ein scheußliches Aussehen habe.

Als sich seine Zuhörer von ihrem Schrecken erholt hatten, ergriff der Vorsitzende des Pfarrgemeinderates, ein zugezogener, pensionierter Polizeikommissar, eingebildet wie ein Tenor, das Wort. Er erklärte rundheraus, dass für solche Faxen kein Geld da sei. Der bisherige Pfarrer, der fünfunddreißig Jahre die Pfarrei zu aller Zufriedenheit geleitet habe, hätte kein einziges Mal den heiligen Sixtus verunglimpft, im Gegenteil, er habe viele Kinder der Pfarrei auf den Namen Sixtus getauft. Und überhaupt, wenn man da einmal nachgeben tät', dann ginge es so weiter. Dann gefällt dem Herrn Hochwürden das nächste Mal die heilige Agatha vom linken Seitenaltar nicht mehr und zuletzt müsse vielleicht gar eine neue Kirche her. Der Antrag des Pfarrers wurde danach einstimmig abgelehnt.

Dieser wollte es nicht gleich auf einen Streit ankommen lassen und meinte diplomatisch, die Sache habe ja noch Zeit. Er wolle auch noch die Meinung des Kirchenpflegers und der ganzen Gemeinde einholen. Aber auch der Kirchenpfleger ließ ihn abblitzen und der Bürgermeister, ein geldiger Gutsbesitzer, sagte ihm am Stammtisch vor dem versammelten Gemeinderat ins Gesicht, über die Reparatur der Glocke könne man möglicherweise im nächsten Jahr reden, über den heiligen Sixtus aber nicht. Als der Pfarrer lächelnd antwortete, dass er sich nicht mit dem heiligen Sixtus anlegen wolle, hatten die Herren vom Stammtisch die Befriedigung, eben einen wildgewordenen Stier gezähmt und den Angriff auf ihre Geldbeutel erfolgreich abgewehrt zu haben.

Die Enthauptung des heiligen Sixtus

Wenn ein neuer Pfarrer in die Pfarrgemeinde kommt, beginnt zunächst eine Zeit des gegenseitigen Abtastens, Fragens, Beobachtens und Beurteilens. Die Pfarrkinder wollen wissen, mit wem sie es in Zukunft zu tun haben, denn wenn der neue Pfarrer erst fünfzig Jahre alt ist, muss man ihn heutzutage ja noch mindestens zwanzig Jahre aushalten. Man will also schnell herausbekommen, was für ein Landsmann er ist, welche Haushälterin er mitbringt, welche „Suchten" er hat, ob er predigen und singen kann und ob er raucht und Karten spielt. Der Pfarrer seinerseits hat sich schon vor seiner Bewerbung heimlich den Pfarrhof und die Kirche angeschaut und sich bei seinem Amtsvorgänger nach den weißen und schwarzen Böcklein seiner künftigen Wirkungsstätte erkundigt.

So war es auch in Buchberg, als der neue Pfarrer im Pfarrhof aufzog. Die Pfarrangehörigen waren froh, dass sie einen Seelsorger bekommen hatten. Da zahlte es sich wieder einmal aus, dass ihr Bürgermeister ein Vetter des Generalvikars war.

Der neue Pfarrer wurde mit Fahnenabordnungen und Blasmusik vom Pfarrhof zur festlich geschmückten Kirche geleitet, wo die heilige Messe gefeiert wurde. In seiner Erscheinung lag etwas Vornehmes und Sympathisches. Sein Haupt war vom vielen Denken schon ein wenig kahl geworden, aber sonst war er noch eine stattliche Erscheinung. Seine Predigten, im Windkanal der Moral- und Pastoraltheologie entwickelt, waren wasserdicht wie Schweizer Uhren. Man konnte sich gemütlich im Kirchenstuhl ausstrecken und das Dargebotene wie im Theater genießen.

Doch schon in der ersten Pfarrgemeinderatssitzung erklärte der Pfarrer den Anwesenden, dass er einige Neuerungen einführen wolle. Die große Glocke habe einen Sprung und müsse baldmöglich ersetzt werden. Die Kirche habe schon seit Jahrzehnten keine Farbe mehr gesehen und sollte bei der Renovierung entrümpelt werden. Vor allem störe ihn die Gipsfigur des heiligen Sixtus am rechten Seitenaltar, der Gott sei 's geklagt, ein scheußliches Aussehen habe.

Als sich seine Zuhörer von ihrem Schrecken erholt hatten, ergriff der Vorsitzende des Pfarrgemeinderates, ein zugezogener, pensionierter Polizeikommissar, eingebildet wie ein Tenor, das Wort. Er erklärte rundheraus, dass für solche Faxen kein Geld da sei. Der bisherige Pfarrer, der fünfunddreißig Jahre die Pfarrei zu aller Zufriedenheit geleitet habe, hätte kein einziges Mal den heiligen Sixtus verunglimpft, im Gegenteil, er habe viele Kinder der Pfarrei auf den Namen Sixtus getauft. Und überhaupt, wenn man da einmal nachgeben tät', dann ginge es so weiter. Dann gefällt dem Herrn Hochwürden das nächste Mal die heilige Agatha vom linken Seitenaltar nicht mehr und zuletzt müsse vielleicht gar eine neue Kirche her. Der Antrag des Pfarrers wurde danach einstimmig abgelehnt.

Dieser wollte es nicht gleich auf einen Streit ankommen lassen und meinte diplomatisch, die Sache habe ja noch Zeit. Er wolle auch noch die Meinung des Kirchenpflegers und der ganzen Gemeinde einholen. Aber auch der Kirchenpfleger ließ ihn abblitzen und der Bürgermeister, ein geldiger Gutsbesitzer, sagte ihm am Stammtisch vor dem versammelten Gemeinderat ins Gesicht, über die Reparatur der Glocke könne man möglicherweise im nächsten Jahr reden, über den heiligen Sixtus aber nicht. Als der Pfarrer lächelnd antwortete, dass er sich nicht mit dem heiligen Sixtus anlegen wolle, hatten die Herren vom Stammtisch die Befriedigung, eben einen wildgewordenen Stier gezähmt und den Angriff auf ihre Geldbeutel erfolgreich abgewehrt zu haben.

Über den heiligen Sixtus ist nicht mehr geredet worden. Nur die Frau des Mesners, von den Ministranten respektlos „Johanna die Wahnsinnige" genannt, erklärte im Frauenbund, sie werde den heiligen Sixtus, wenn es sein müsse, bis auf den letzten Blutstropfen verteidigen.

Der Pfarrer hat sich in Buchberg schnell eingewöhnt. Die alten Leute und die Ministranten mögen ihn gerne. Die Witwen hängen sich wie die Kletten an ihn, wenn er aus der Kirche kommt. Seine Schwester Leni aber, die ihm den Haushalt führt, ist wegen ihres freundlichen Wesens und wegen ihrer Hilfsbereitschaft fast noch beliebter als er.

Ostern steht vor der Tür. Die Buben fiebern schon seit Tagen dem Palmsonntag entgegen, wo sie bei der Palmprozession die Palmstecken mittragen dürfen. In diesem Jahr hat der Sohn des Dorfmüllers, der Peppi, wieder den längsten Palmstecken mit der größten Palmzweigerlkrone. Er ist sehr stolz darauf, denn je höher der Palmbaum ist, desto mehr Segen fängt er von oben ein. Am Mühlbach wachsen die schönsten Palmzweige. Der Peppi hat die letzten Nächte eigens den Tyras, den scharfen Hofhund, an den Weidenbaum gebunden, damit die Zweige nicht gestohlen werden. Die ganze Familie ist auf den Palmbaum stolz. Der Müller-Opa schaut voller Respekt auf seinen Enkel und denkt zufrieden an seine eigene Kinderzeit zurück, wo auch er immer den größten Palmstecken in die Kirche getragen hat.

Feierlich ist der Einzug der Kinder in die Kirche. Der Müller Peppi und der Moosrainer Alois haben vom Mesner einen Platz vor dem Seitenaltar des Heiligen Sixtus zugewiesen bekommen. Bei der Leidensgeschichte wird es ihnen zu langweilig. Der Peppi drückt mit seinem Stecken immer stärker gegen den Stecken des Alois. Der hält dagegen, bis ihm die Kraft ausgeht. Der Stecken des Peppi schnellt wie eine Feder auf den heiligen Sixtus zu. Dieser beginnt zu wanken, neigt sich erst nach vorne, dann wieder nach hinten, dann noch einmal nach vorne. Der Peppi will ihn mit dem Stecken noch aufhalten, aber es ist schon zu spät. Der Heilige beugt sich demütig nach vorne und kippt lautlos von seinem Postament herunter. Auf dem Steinboden gibt es einen dumpfen Schlag und dann fliegt das Haupt des Heiligen dem verdutzten Pfarrer vor die Füße. Eine unheimliche Stille breitet sich in der Kirche aus. Alle schauen zu dem Übeltäter hin, der einen brinnroten Kopf aufhat. Der Müller klettert umständlich aus seiner Bank heraus, geht zu seinem Sohn hin und haut ihm, wie es sich gehört und vom Kirchenvolk erwartet wird, eine saftige Watsche herunter.

Johanna die Wahnsinnige hebt das Haupt des Heiligen vom Boden auf und legt es – mit stummer Anklage in den Augen – dem Pfarrherrn feierlich auf den Altar.

Die Buben sind jetzt lammfromm. Auf dem Heimweg lamentiert die Müllerin über die Schande und über das schöne Geld, das ein neuer Heiliger kosten wird.

Daheim schaut der Müller seinen missratenen Sohn grimmig an, dann holt er hinter dem Schrank den weichselbaumernen Stecken hervor, den der Bub schon von früheren Anlässen kennt.

Er packt den armen Sünder beim Genick, biegt ihn über den Küchenstuhl und zieht ihm fünf saftige Hiebe über den Hosenboden. Der Gepeinigte beißt bei jedem Schlag die Zähne zusammen, damit ihm kein Schmerzenslaut auskommt. Um nichts in der Welt wird er verraten, dass ihm die Pfarrer-Leni zehn Euro versprochen hat, wenn er den heiligen Sixtus von seinem Postament herunterstangelt. Vielleicht legt auch der Herr Pfarrer noch einen Fünfer drauf, wenn er ihm sein misshandeltes Gesäß zeigt.

Es geschah an einem Portiunkulasonntag

Es war kein Zufall, dass die Herbstkonferenz der italienischen Bischöfe am Portiunkulasonntag geendet hat, an dem Tag, an dem die glaubenstreuen Katholiken mit einer Mindestanzahl von Vaterunsern ihre Vorstrafen in der Verkehrssünderkartei des lieben Gottes löschen lassen können. Ob es ein Zufall war, dass die Verkehrspolizei ausgerechnet an diesem für die Seelsorge so wichtigen Tag auf der Via Caracciola, in der Nähe des Tagungsortes Collevalenza, eine Radarkontrolle aufgebaut hat, mag bezweifelt werden.

Dass in diese Radarfalle innerhalb von zwanzig Minuten fünf bischöfliche Limousinen mit überhöhter Geschwindigkeit hineingeraten sind, hing damit zusammen, dass beim gemeinsamen Abschiedsmahl die Götterspeise zu spät serviert worden war. Die Bischöfe hatten offenbar hernach ihre Chauffeure im Vertrauen auf die göttliche Vorsehung und die weltliche Nachsicht gedrängt, die verlorene Zeit mit Hilfe des Bleifußes wieder hereinzuholen.

Aber das Leben kann grausam sein. Die guten Menschen sind gegenüber den schlechten fast immer im Nachteil, selbst wenn sie ihren religiösen Pflichten mit Eifer nachkommen.

Die erste Limousine, die von den Carabinieri auf einen Parkplatz herausgewunken wurde, trug die Standarte des Kardinals Pietro Antonelli de Maria del Castello. Als ehemaliger Fallschirmjäger erkannte er sogleich den Ernst der Lage. Entschlossen wie ein Novize, der die ewigen Gelübde ablegen will, stieg er aus und schritt furchtlos auf den Polizeileutnant zu.

Wie er so vor ihm stand, vom purpurroten Scheitelkäppchen bis zu den schwarzen, spitzen Lackschuhen ganz der typische Römer mit der klassischen Schönheit eines Erzengels, blitzgescheit, erfolgreich und liebenswürdig, da hätte sich jede Mutter einer unverheirateten Tochter nichts sehnlicher gewünscht, als einen solchen Schwiegersohn zu haben.

Auch der Polizeileutnant, ein kleiner Mann mit braunem Teint und viel Gold im Mund, war tief beeindruckt. Er kniete sich spontan auf den staubigen Boden und küsste ehrfürchtig den funkelnden Ring an der feingliedrigen Hand der Eminenz. Als ihn dieser mit beiden Händen hochzog und mit seidener Stimme sagte: „Nicht doch, caro mio", da schmolz sein Diensteifer hin wie eine Eisbombe in der Sonne. Er verneigte sich mehrmals und stammelte: „Zu Diensten, Eminenz, zu Diensten!"

Der Kardinal war mit sich sehr zufrieden. „Mein Sohn", sagte er, „ich bin in Eile, denn ich habe heute noch eine wichtige Konferenz mit dem Herrn Innenminister Exzellenz Graf von Vigetto. Nenne mir den Obulos, den ich für unsere kleine Verkehrsübertretung zu entrichten habe."

Der Leutnant winkte ab. Als der Kardinal schon glaubte, die Schlacht gewonnen zu haben, rappelte sich der Leutnant, durch seinen Stellvertreter heimlich in die Wade getreten, auf und stotterte: „Eminenz befinden sich, mit Verlaub gesagt, quasi in einem Glaubensirrtum. Es handelt sich nicht um eine kleine Verkehrsübertretung, sondern um eine große. Ihr Chauffeur hat die zulässige Geschwindigkeit um 60 Stundenkilometer überschritten. Nach dem Gesetz muss er seinen Führerschein für drei Monate abgeben. Davor kann ihn nicht einmal die heilige Rita bewahren, die Fürsprecherin für aussichtslose Fälle."

70

Obwohl Eminenz diesen störrischen Esel eines korrupten Staates gerne abgekanzelt hätte, verzog er sein hübsches Gesicht nur ein wenig. Dann setzte er wieder sein charmantes Lächeln auf, das an den heiligen Vater erinnerte und sprach salbungsvoll: „Graf von Vigetto wird glücklich sein, von mir zu hören, dass er sich auf seine Leute verlassen kann." Hierauf zückte er seine Brieftasche mit den Worten: „Mein Chauffeur ist vollkommen unschuldig. Er handelte auf allerhöchsten Befehl. Wie hoch ist die Geldstrafe? Ich zahle bar, wenn es auch schwer fällt, denn unsere Kassen sind leer."

Der Leutnant, dem man ansah, dass er gerne Wein trank und Schwierigkeiten aus dem Weg ging, überlegte nicht lange. Er schrieb eiligst eine Quittung über vierhundert Euro heraus. Die Eminenz rief mehrmals „benissimo", zahlte, verabschiedete sich jovial und brauste davon, als gerade der Dienstwagen des greisen Franziskanerbischofs Monsignore Tomaso angehalten wurde. Mühsam stieg dieser aus und ging, von seinem Sekretär gestützt und mit einem Rosenkranz bewaffnet, mit kleinen Trippelschritten auf den nächstbesten Carabinieri zu.

„Prego, Signore!", rief er mit zittriger Stimme. „Caro mio! Was ist geschehen?" Sein faltiges Gesicht verzog sich zu einem kindlichen Lächeln. Der Angesprochene, dem gerade noch rechtzeitig einfiel, dass sein Vater einst als Kommunist exkommuniziert worden war, antwortete frech: „Ihr früherer Chef ist mit einem Esel geritten und Sie rasen mit 170 Stundenkilometern durch die Gegend. Sie werden für die nächsten drei Monate einen anderen Chauffeur einstellen müssen." Der Kopf des Bischofs fiel bei diesen Worten tief in die Schulter. Mit klagender Stimme erwiderte er: „Du magst ja recht haben, mein lieber Freund, dass du streng zu mir bist, aber wie soll ich denn zu meinen lieben Brüdern und Schwestern im Herrn heimkehren? Ich kann doch nicht 320

Kilometer zu Fuß gehen. Ich schaffe nicht einmal 30 Meter. Nimm in Gottes Namen meinen Führerschein. Ich brauche ihn nicht mehr, aber lass uns in Frieden weiterfahren. Ich werde heute Abend für euch alle beten."

Der Polizeioffizier trat hinzu. Er hatte die letzten Worte gehört und sagte leise: „Lass ihn laufen. Es kommen noch drei Limousinen nach."

Der Carabinieri aber war nicht gewillt, sein Opfer ungerupft davonkommen zu lassen. Er stellte sich dem Bischof in den Weg und sagte treuherzig, dass er sich in einer großen Glaubenskrise befinde. Der Kanarienvogel seines Sohnes Camillo sei vor drei Tagen gestorben. Nun wisse er nicht, ob das arme Tierchen in den Himmel gekommen sei oder nicht. Don Tomaso war gerührt. Er lächelte wie ein Theologieprofessor, der über das Wunder von Lourdes befragt wird, breitete seine Arme aus und sprach mit salbungsvoller Stimme: „Sag deinem kleinen Camillo, dass sein Kanarienvogel sofort nach dem Tod in den Himmel des heiligen Franziskus geflogen ist. Der Poverello liebt die Tiere, besonders die Vögel. – Du siehst mich so zweifelnd an? Hast du noch eine Frage auf dem Herzen?" „Ja", antwortete der Carabinieri, „die Sache ist nämlich die, dass der Kanarienvogel von unserer Katze gefressen worden ist."

„ Andiamo, Don Tomaso", flüsterte der bischöfliche Sekretär leise, „diese Leute schämen sich nicht, mit den heiligsten Dingen zu scherzen!" Gekränkt humpelte der Bischof zu seinem Wagen.

Nun brauste die dritte Limousine heran. Seine Eminenz Kardinal Rinaldo Respighi, der schon bei zwei Konklaven als papabile gegolten hatte und in der Kurie sozusagen als Abfangjäger eingesetzt war, ließ das Fenster herunter und fragte den an den Wagen herantretenden Carabinieri ungnädig: „Was geht hier vor? Kennen Sie mich nicht?" Der Mann mit der Kelle antwortete frech: „Nein, aber das macht nichts. Sie werden sich ja ausweisen können."

Der Kardinal war schockiert über diese Direktheit und quetschte die Augenpolster zusammen.

Er zischte: „Ich werde mich über Ihre Ungezogenheit beim Polizeipräfekten beschweren." Dann verließ er das Auto und schritt leichtfüßig wie eine Elster mit hoch erhobenem Haupt, als dürfe er nichts vom Heiligen Geist verschütten, an dem Carabinieri vorbei zum Polizeioffizier. „Hören Sie", sagte er wütend, „ich bin Kardinal Rinaldo. Ich möchte wissen, was hier vorgeht." Der Offizier sprach ihm sein Bedauern über die unliebsame Störung aus und wies ihn darauf hin, dass vor dem Gesetz alle gleich seien und dass eine erhebliche Überschreitung der Höchstgeschwindigkeit vorliege, die mit Führerscheinentzug oder einer saftigen Geldstrafe geahndet werden müsse. Der Kardinal erklärte, er sei unschuldig. Er habe während der Fahrt sein Brevier gebetet und nicht auf den Tachometer achten können. Wenn jemand zur Verantwortung zu ziehen sei, dann sei dies sein Chauffeur. Dieser aber verdiene Milde. Er habe sieben unmündige Kinder, eine schwangere Frau und eine gelähmte Schwiegermutter zu versorgen und könne mit dem geringen Gehalt, das er ihm gebe, nur existieren, weil er zusätzlich in einem Nachtlokal arbeite."

Ein Carabinieri, der neben dem Offizier stand und mit seiner Pistole spielte, fragte mit einem anzüglichen Lächeln: „Chef, soll er in die Röhre blasen oder lassen wir ihn laufen, wenn er eine Geldstrafe von vierhundert Euro bezahlt?" Das Gesicht des Kardinals wurde fahl wie das Leichentuch von Turin. Er bot Ratenzahlungen an. Da der Polizeileutnant nicht darauf einging, zahlte er seufzend die Strafe und seine brau-

nen Augen mit den langen dunklen Wimpern wurden trüb, wie immer, wenn ihn der Weltschmerz packte.

Bevor er wieder wegfuhr, wurde auch ihm die knifflige Frage nach dem Kanarienvogel des kleinen Camillo gestellt. Er ließ sich nicht überrumpeln. Mit einem Anflug von Ironie meinte er, hier käme nur eine Seelenwanderung in Frage. Es sei schon vorgekommen, dass so ein Vöglein als Carabinieri wieder auf die Welt gekommen sei oder zumindest im Gehirn eines solchen genistet habe.

Gleich darauf fuhr seine Excellenz Bischof Taruffi vor, ein außergewöhnlich nobler Herr mit rasiertem Schädel, die dreidimensionale Nachbildung des römischen Imperators Julius Caesar. Den breitrandigen Hut wie einen Heiligenschein ins Genick geschoben und den Marmorboden suchend, schritt er mit der Kraft des heiligen Geistes auf die dunkelblauen, rot und weiß gestreiften Uniformen zu, um diesen Anhängern des „Kommunistischen Manifestes" die gebührende Strafpredigt zu halten. Mit geübter Kanzelstimme rief er: „Wer von Ihnen ist der Polizeipräfekt? Ich habe mit ihm zu sprechen!"

Der Polizeioffizier trat einen Schritt vor und verneigte sich stumm. Dann klärte er den Gottesmann wortreich über den Sinn der Verkehrskontrollen auf und verlangte forsch eine Geldbuße von vierhundert Euro oder die Herausgabe des Führerscheines. Seine Excellenz ließ sich nicht einschüchtern. Mit der Schlauheit des Antiquitätensammlers, der zu Hause eine Rippe der heiligen Sophia und den Verlobungsring des heiligen Josef liegen hat, gelang es ihm, die Strafe auf dreihundertfünfzig Euro herunterzuhandeln.

Als er nach Zahlung der Geldbuße seine Würde wieder erlangt hatte, sollte auch er sich zum Seelenheil des Kanarienvogels äußern. Aber er war nicht gewillt, diesen Ketzern, Spöttern und Wegelagerern eine Audienz zu gewähren.

Das letzte Opfer der Verkehrskontrolle war der Bischof Sylvio Pellico, ein charismatischer Kirchenfürst, der mit seinen pfiffigen Äuglein in die Welt schaute, als ob er soeben an der Hochzeit zu Kana teilgenommen habe. Man rühmte ihm nach, eine Spürnase zu haben, die zehn Polizeihunde ersetzt. Trotzdem war auch er in die Radarfalle getappt. Da er selbst am Steuer des Wagens gesessen war und Fahnenflucht von jeher verabscheut hatte, wollte er für sein Vergehen ohne Wenn und Aber einstehen. Ein wenig hilflos ohne seinen Sekretär, aber mit einem ausgeprägten Willen zum Sühneopfer näherte er sich dem Polizeioffizier wie einem bengalischen Tiger und fragte mit dem schlechten Gewissen des weißen Mannes, was er schuldig sei.

„Ecco, Signore!", antwortete der Angesprochene. „Sie haben unverschämtes Glück. Es macht heute nur vierhundert Euro. Ein Pappenstiel angesichts Ihrer selbstmörderischen Fahrweise. Ich weiß wirklich nicht, ob ich es verantworten kann, Euere Eminenz so billig davonkommen zu lassen."

Don Pellico nickte betrübt mit dem Kopf und blätterte die Scheine hin, ohne sich eine Quittung geben zu lassen.

Bevor er zu seinem Auto zurückkehrte, ermahnte er die Carabinieri noch, das tägliche Gebet nicht zu vergessen, Spielhöhlen zu meiden und die Mütter ihrer Kinder zu achten. Er schenkte jedem ein Heiligenbild, auf dem ein Gebet abgedruckt war, das einen Ablass von dreihundert Tagen versprach. Dann erteilte er ihnen seinen bischöflichen Segen. Darüber waren die Carabinieri so gerührt, dass sie ganz vergaßen, sich nach dem Seelenheil des Kanarienvogels zu erkundigen.

„Addio! Addio, Don Pellico! Grazie!", riefen sie ihm treuherzig nach, der Leutnant winkte fröhlich mit den Geldscheinen.

76

Papst auf Reisen

Weihnachten stand vor der Tür und der Konvent der ehrwürdigen Schwestern vom Heiligen Kreuz beratschlagte nach dem Abendessen schon eine geschlagene Stunde, wie man den armen Waisen der Pfarrei eine Festesfreude machen könne, die nichts kostet. Längst waren alle Sparstrümpfe umgedreht, ohne dass ein Heller herausgefallen wäre. Die Erlöse aus dem Weihnachtsbasar waren für die Mission bestimmt. Geldspenden waren erst wieder nach Weihnachten zu erwarten. Dies und das wurde vorgeschlagen und wieder verworfen, bis Schwester Humboline, das Küken des Konvents, zaghaft ihren Finger hob und, nachdem ihr das Wort erteilt worden war, einen Vorschlag vortrug, der zunächst nur Kopfschütteln und eisige Ablehnung auslöste, weil er zeigte, wie sehr das junge Ding noch der schnöden Welt verhaftet war. Wie kam sie nur auf den frevelhaften Gedanken, ausgerechnet die eingerahmte Farbphotographie des Heiligen Vaters, das Geschenk einer frommen Gönnerin aus adeligem Hause, das im Kapitelsaal in der Nähe des Kreuzes hing, zu verkaufen? Nachdem der erste Sturm der Entrüstung ein wenig abgeebbt war, und die ehrwürdige Mutter Oberin beginnen wollte, einen mütterlichen Tadel auszusprechen, stellten sich zu ihrem Erstaunen die Schwestern Euphrosine, Edigna, Benedikta und Maria Goretti auf die Seite der bedrängten Schwester Humboline, mit der theologisch unwiderlegbaren Begründung, das Christkind habe im Stall von Bethlehem auf jeglichen Wandschmuck verzichtet, was nicht zuletzt auch durch die Visionen der heiligen Birgitta von Schweden und der heiligen Crescentia von Kaufbeuren belegt sei. Sie hielten den Papst im Kapitelsaal für durchaus entbehrlich und sprachen sich tapfer für den Verkauf des Bildes aus. Noch aber war die Frage offen, wo man das Bild veräußern könne. Aber auch auf diese schwierige Frage hatte

die kleine Humboline eine einfache Antwort bereit: „Auf
dem Flohmarkt", piepste sie, „am Samstag ist in der Stadt
Flohmarkt! Dort sind solche Bilder gewiss eine Rarität." Die
Vorstellung, Seine Heiligkeit auf einem Flohmarkt feilzubie-
ten, war für einige der Schwestern geradezu eine Blasphe-
mie. Eine erregte Diskussion setzte ein, die schließlich mit
dem nicht einstimmigen Beschluss endete, die Schwestern
Humboline und Edigna sollten auf dem besagten Flohmarkt
diverse Artikel aus dem Klosterbesitz absetzen, wobei der
heilige Vater etwas verdeckt aufgestellt werden müsse und
keinesfalls unter zehn Euro verkauft werden dürfe. Die ehrwürdige Mutter Oberin gab den beiden außerdem zu bedenken, dass der Verkauf unter allen Umständen mit Würde, Demut und innerer Sammlung vonstatten gehen müsse. Kauf-
interessenten geistlichen Standes sollten, wenn möglich,
bevorzugt werden.

Es geschah wie beschlossen und schon am Samstag Abend
konnten die beiden Schwestern nach dem kirchlichen Abend-
gebet berichten, dass der heilige Vater dank seiner Anzie-
hungskraft quasi im ersten Anlauf für zwölf Euro wegge-
gangen sei. Besonders glücklich war der Konvent, als er
vernahm, die Käufer seien zwei junge Männer mit kurzem
Haarschnitt gewesen, die den besten, ja, einen geradezu ka-
tholischen Eindruck hinterließen, weil sie überhaupt nicht
versucht hätten, den verlangten Preis zu drücken. Als die
frommen Schwestern im Begriffe waren, das gute Gelingen
der Operation „Weihnachtsgeldbeschaffung" mit einem freudenreichen Rosenkranz zu beschließen, gab es ein letztes
Aufbäumen der Opposition. Die Exerzitienmeisterin Mater
Cäcilia gab zu bedenken, dass bei vielen Mitschwestern der
Abschiedsschmerz noch zu groß sei. Deshalb sei es ange-
messen, den schmerzhaften Rosenkranz zu beten, was dann
auch geschah.

Was die Schwestern nicht wussten und daher auch nicht berichten konnten, war, dass die beiden anständigen Männer auf ihrem Nachhauseweg in ihrem flotten Wagen immer wieder in ein unanständiges Gelächter ausbrachen, wenn sie daran dachten, was ihr Spezl, der Zeisel Willi, für ein Gesicht machen werde, wenn er an seinem Hochzeitstag ihr Geschenk, das Papstbild, auspacken werde. Der Willi hatte seit seiner Firmung keine Kirche mehr von innen gesehen und auch seine Braut stand nicht gerade im Ruf der Heiligkeit.

Sie lagen mit ihrer Vorstellung gar nicht so falsch, denn als der Willi das asketische und freundlich lächelnde Gesicht des heiligen Vaters erblickte, ergriff ihn eine solche Rührung, dass er das Bild vor den Augen seiner frisch angetrauten Gattin mit einem derben Ausspruch an die Wand feuerte. Trotz des kurzen Landeanfluges hat der Papst mitsamt Glas und Rahmen dieses Attentat wunderbarerweise heil überstanden. Lediglich die Landebahn hatte eine Schramme abbekommen. Die Braut war über diesen Temperamentsausbruch ihres Göttergatten sehr erschrocken. Sie dachte, heute schmeißt er den Papst und in einer Woche vielleicht mein Essen an die Wand. Da ihr die Mutter eingebläut hatte, notwendige Grausamkeiten müssten, wenn sie wirken sollten, sofort begangen werden, und da sie ihrem Gebieter ein für alle Mal zeigen wollte, wer der Herr im Hause ist, hob sie das Bild liebevoll vom Boden auf, wischte es mit ihrem Ärmel ab, trug es, ohne den verdutzten Ehegatten eines Blickes zu würdigen, in den Flur hinaus. Dort nahm sie seinen geliebten Autokalender von der Wand und hängte das Papstbild auf mit der Drohung: „Wenn dich der Rüpel noch einmal anfasst, dann gehen wir beide zu meiner Mutter zurück." Zack, das saß!

Am nächsten Tag kam die Schwiegermutter zu Besuch. Mit dem untrüglichen Gespür einer Eheberaterin erkannte sie sofort die herrschende Missstimmung im Hause Zeisel und es war für sie ein Leichtes herauszufinden, wo der Stachel im Fleisch der jungen Ehe steckte. Mit viel Diplomatie gelang es ihr, den Kindern das Papstbild für zwanzig Euro abzukaufen und schon am Abend trat sie mit dem Heiligen Vater die Heimreise an. Ihr Mann war über den unerwarteten Gast nicht sehr erfreut und so wurde beschlossen, der Erbtante Petronella aus München, die vom Zeitgeist noch nicht angekränkelt war und mit dem Papst in allen Fragen der Moral übereinstimmte, das Bild zu schenken. Vierzehn Tage später erhielt Seine Heiligkeit den Marschbefehl, zu Fräulein Petronella Dinzinger zu ziehen. Sein Bleiben war aber auch bei ihr nicht von langer Dauer, denn sie entschloss sich, ihren Lebensabend in einem Altersheim auf dem Land zu verbringen. Sie löste ihren Haushalt auf. Es wurde ein Trödler gerufen und dieser nahm mit dem überzähligen Hausrat auch das Bild des Papstes mit.

Man hätte fast von einer Notlandung Seiner Heiligkeit sprechen können, denn er verschwand zunächst in einem Hinterzimmer des Trödlerladens in einer großen Kiste, in der ihm Wilderer, gefallene Soldaten, tanzende Zigeunerinnen und nackte Englein Gesellschaft leisteten. Er fühlte sich in diesen Kreisen nicht wohl, obwohl auch ein Herz-Jesu-Bild ganz in seiner Nähe stand. Glücklicherweise wurde er nach einigen Tagen aus seinem Verlies hervorgeholt und in das Schaufenster des Trödlerladens gestellt. Hier konnte er wenigstens, wenn auch aus einem sehr ungünstigen Blickwinkel, von morgens bis abends das geschäftige Treiben auf dem Gehsteig beobachten.

Er hatte sich schon fast an dieses Nichtstun gewöhnt, als zufällig ein italienischer Monsignore, der seinen Urlaub dazu benutzte, die Heiligtümer der bayerischen Landeshauptstadt zu entdecken, an dem Schaufenster vorbeikam. Es gab ihm einen Stich durchs Herz, seinen obersten Chef in dieser Umgebung sehen zu müssen. Welch eine Verhöhnung christlicher Werte! Obwohl ihm das Bild in künstlerischer und ästethischer Hinsicht nicht zusagte, fühlte er sich doch als höherer Offizier der päpstlichen Infanterie moralisch verpflichtet, seinen obersten Kriegsherrn aus diesem Milieu herauszuhauen, koste es, was es wolle. Die Gefangenenbefreiung kostete ihn neun Euro.

Die Schlacht war damit geschlagen, der Krieg aber noch nicht gewonnen. Was nutzte dem Heiligen Vater die Freiheit, wenn sein Befreier bereits danach trachtete, ihn unverzüglich wieder los zu werden, denn der Monsignore aus Italien konnte es mit seiner Würde nicht vereinbaren, den ganzen Tag mit einem solchen Bild unter dem Arm herumzulaufen. Diesen Gewissenskonflikt hatte er sehr schnell zu seinen Gunsten entschieden. Es ging nur noch um die Frage, wo er seinen Chef unauffällig aussetzen könne.

Den ersten Gedanken, das Bild im städtischen Kanalnetz oder in einer Biotonne zu versenken, ließ er wieder fallen, weil er nicht sicher war, ob diese Art von Entsorgung nicht ein schwerwiegendes Sakrileg wäre. Der Plan, den Papst von einem Lastwagen überrollen zu lassen, scheiterte daran, dass er sich gerade in der Fußgängerzone befand. Als er seinen Blick hilfesuchend zum Himmel erhob, um von der letzten Instanz eine Eingebung zu erflehen, merkte er, dass er vor der Fassade einer prachtvollen Barockkirche stand. In diesem Augenblick wurde quasi aus dem Saulus ein Paulus. Wo war der Papst besser geborgen als in einem Gotteshaus? Er stieg die Stufen zum Eingangsportal hinauf und vergewisserte sich durch einen Blick in den Schaukasten, dass er sich nicht vor einer evangelischen Kirche befand. Dann betrat er die Kirche zum Heiligen Kreuz, eilte zum Hochaltar und legte dort das Bild mit einem Seufzer ab. Ebenso schnell war er wieder auf der Straße.

Beim Gebetläuten fand die Sakristeischwester Felicitas den Heiligen Vater auf dem Altar. So schnell sie konnte, eilte sie zur ehrwürdigen Mutter Oberin, um von der wunderbaren Heimkehr Seiner Heiligkeit zu berichten. Der Konvent wurde in aller Eile zusammengerufen und ein „Te deum laudamus" gesungen. In einer feierlichen Prozession trug man den Heimkehrer in den Kapitelsaal zurück, wo ihn die ehrwürdige Mutter Oberin wieder am alten Platz aufhängte.

Wie gerne hätten die Schwestern die wunderbare Nachricht unter das Volk gebracht, aber der etwas anrüchige Bilderverkauf auf einem Flohmarkt war nicht so recht für die Entstehung einer Legende geeignet.Trotzdem strahlten sie alle vor Glück, am meisten die liebe Sakristeischwester Felicitas, denn galt nicht ihr die Anrufung im freudenreichen Rosenkranz: „Den du, o Jungfrau, im Tempel wieder gefunden hast"?

Auf den heiligen Antonius ist Verlass

Missmutig stocherte der Lanzl Sepp, Geschäftsreisender für Landmaschinen, am Montagabend im Gasthof zur Post in seinem Essen herum. Es schmeckte ihm nicht. Den ganzen Tag hatte er Kunden besucht und kein Geschäft gemacht. Wenn das so weiterging, war er bald arbeitslos. Als er den Masskrug hob, um seinen Jammer hinunterzuspülen, bemerkte er mit Schrecken, dass sein Ehering nicht mehr am Finger steckte. „Des aa noh! Des bringt Unglück!", schoss es ihm durch den Kopf. Ohne Ehering durfte er sich zu Hause nicht blicken lassen, denn sein Eheweib Anna war, obwohl sie absolut keinen Grund dazu hatte, maßlos eifersüchtig. Der Sepp zahlte sogleich und eilte auf sein Zimmer, wo er auf der Suche nach dem Ring alles umkrempelte. Da der Ring nicht zum Vorschein kam, ging er zum Telefon und fragte bei allen Kunden, die er besucht hatte, nach, ob sie nicht zufällig seinen Ehering gefunden hätten. In ihrer Abendruhe gestört, gaben sie ihm nur unfreundliche Antworten, manche erteilten ihm hämische oder mitleidige Ratschläge. Nun blieb ihm nichts anderes übrig, als gleich am nächsten Morgen aufs Fundbüro zu gehen. Vielleicht hatte er Glück, dass der Ring schon abgegeben war oder wenigstens bis zum Freitag, dem Tag seiner Heimreise, aufgefunden würde.

Als er ins Fundbüro kam, warteten dort schon zwei ältere Frauen, die sich lebhaft über andere Leute unterhielten. Kurz nach ihm traten noch zwei Männer ein.

Endlich wurde der Schalter geöffnet. Eine schwarz gekleidete, magere Mittfünzigerin mit asketischem Gesicht und kunstvoll geflochtener Gretelfrisur steckte den Kopf durch das Schiebefenster und fragte mit scharfer Stimme: „Wer ist zuerst dagewesen? Der Reihe nach anstellen!"

Die ältere der beiden Frauen stürzte sich zum Schalter und berichtete umständlich, dass sie ihren neuen Schirm verloren habe. Es könne aber auch sein, dass er ihr gestohlen wurde, denn es gäbe Leute, denen nicht einmal der Schirm einer Witwe heilig sei. Sie bekam ein Formular herausgereicht mit der Aufforderung, dieses genau auszufüllen.

Die zweite Dame hatte ihre Brille verloren. Sie brauchte kein Formular auszufüllen, weil sie glaubhaft dartun konnte, dass sie ohne Brille nicht lesen und schreiben könne.

Nun kam der Sepp an die Reihe. Er beugte sich möglichst weit durch das Schiebefenster und sagte mit belegter Stimme:

„Ich möchte eine Suchanzeige aufgeben. Ich habe gestern meinen Ehering verloren." Die Schalterbeamtin fixierte ihn wie ein Großinquisitor und sagte dann so laut, dass es alle hören konnten: „Schon wieder einer! Glauben möcht' ma's net. Des is iatz innerhalb von einer Woch' schon der fünfte Ehering, der angeblich verloren wordn is. Da konn i bloß sagn: Herrgood, schaug runter, dass d' es selber siehgst."

Ein höhnisches Gelächter ertönte hinter dem Sepp.

Eine der Damen spottete: „Alter schützt vor Torheit nicht." Der Sepp entgegnete mit rotem Kopf: „Erlauben Sie, Ihre Anzüglichkeiten verbitte ich mir!" Aber er erntete mit seinem Protest nur ein weiteres Gelächter.

Just in diesem Augenblick betrat der Pfarrer des Ortes das Fundbüro.

„Gut, dass Sie kommen, Herr Hochwürden!", rief der Racheengel hinter dem Schalter. „Jetzt können S' Ihnen selber überzeugen, dass 's in unserer Gemeinde ärger zugeht als in Sodoma und Gomorrha. Seit beim Postwirt diese sündhaften Tanzveranstaltungen san, haben schon fünf Männer den Ehering verlustig gemeldet. Höchste Zeit, dass Sie mit der Faust dreinschlagen, bevor unser Herrgott Pech und Schwefel runterregnen lasst!"

Der Hochwürden unterbrach mit einer energischen Handbewegung ihren Redefluss und zeigte an, dass er selbst diesen Übelstand, und zwar mit geistigen Waffen, bekämpfen werde. Er wendete sich dem Sepp zu und sagte zu dem schwarzen Böcklein, das sich offenbar in seine Herde eingeschlichen hatte: „Weh denen, die da Ärgernis geben! Die Treulosen lässt der Herr fallen! Buch der Sprüche!"

Das war seinem Pfarrkind hinter dem Schalter aber nicht scharf genug, denn es schrie: „I wissat schon, was ich mit einem solchenen ehrvergessenen Lumpen machen tät!"

Die beiden Männer blickten den Sepp neugierig an. Der eine sagte verächtlich: „Anfänger!" Der andere klopfte ihm anerkennend auf die Schulter: „Respekt vorm Dampfschiff. Des hätt i Eahna net zuatraut. Der Mensch lebt nicht vom Brot allein! Buch der Sprüche!"

Was als Trost gedacht war, setzte den Sepp nur noch mehr ins Unrecht. Er holte tief Luft, um sich zu rechtfertigen, aber seine Schuld schien so offensichtlich, dass ihn niemand mehr ernst nahm.

Die Frau mit der verlorenen Brille wendete sich nun an den Hochwürden und sagte mit sanfter Stimme: „Da wird unser heiliger Antonius jetzt wieder ang'winselt werden, meinen S' nicht, Herr Hochwürden?" Dieser schaute sein treues Schäflein wohlgefällig an und sprach: „Unser lieber heiliger Antonius hilft gern, wenn einer was verlegt hat. Dass er auch Eheringe herbeischafft, ist mir nicht bekannt; wenigstens habe ich noch von keiner solchen Gebetserhörung etwas erfahren."

Der Mann, der dem Sepp vorher auf die Schulter geklopft hatte, kam ihm jetzt erneut zu Hilfe: „Lieber den Ehering verloren, als den Hausschlüssel", sagte er sarkastisch. Der Pfarrer strafte ihn mit Verachtung. Er war nicht gewillt, sich weiterhin an dieser profanen Diskussion zu beteiligen. Er hielt einen Damenschirm in die Höhe und teilte mit, dass er diesen im Beichtstuhl gefunden habe. Sein Beichtkind erkannte den Schirm als den ihren und pries den heiligen Antonius für die rasche Hilfe. Dann bedankte sie sich auch beim Hochwürden überschwänglich.

Diese Unterbrechung ergriff der Sepp, um heimlich den Ort seiner Schmach zu verlassen. Soviel aber war ihm klar geworden, dass es nicht schaden könne, nunmehr den heiligen Antonius einzuschalten.

Er schlug schleunigst den Weg zur Kirche ein. Den Antonius-altar fand er auf Anhieb, denn eben zündete dort der ehren-geachtete Brauereibesitzer und Gastwirt zur Post, ein statt-liches Mannsbild in bayerischer Tracht, eine zweipfündige Kerze an, um sich dann seufzend und stöhnend vor dem Heiligen niederzuknien. Dem Sepp war es nicht entgangen, dass auch der Postwirt am rechten Ringfinger einen weißen schmalen Streifen aufwies.

Der Sepp stellte sich zum zweiten Mal an diesem Tag an und betrachtete eingehend die Figur des heiligen Antonius. Sanftmütig, wie es sich für einen Heiligen geziemt, blickte dieser auf die zwei Ehering-Verlierer herunter. Um seinen Mund war ein Zug von großer Menschlichkeit. Der Sepp hatte gleich das Gefühl, dass es für diesen Heiligen ein Leichtes sein werde, einem schuldlos Leidenden, wie ihm, beizustehen.

Zahm und wachsweich erhob sich der Postwirt nach einiger Zeit, bekreuzigte sich dreimal und verbeugte sich dann noch tief vor dem Hochaltar.

Im Vorbeigehen legte er dem Sepp solidarisch die Hand auf die Schulter. „Der da", sagte er, „der huift uns scho. Auf den is Verlass. Mir is er scho zwoamoi in auswegloser Lage beigstandn. Des erste Mal war da Ring im Westentascherl. Habn S' da scho nachgschaugt? Des andere Mal war er in der Schnupftabakdosn. Woaß da Teifi, wiar a da neikemma is. Bis iatz hab i erst oamoi an Ring nachkaffa müassn!"

„Nachkaffa müassn?" schoss es dem Sepp durch den Kopf. „Nachkaffa! Dass i da net von selber draufkemma bin? Des is die Rettung!"

Und so kam es, dass der heilige Antonius wieder einmal ge-holfen hat. Der Postwirt hat schon recht gehabt. Auf den hei-ligen Antonius ist Verlass!

Die Pilgerfahrt
der Jungfrau von Orleans

Es war eine Reisegesellschaft der feineren Art, die sich um sechs Uhr früh im Münchner Flughafen einfand, um nach Israel zu fliegen und die Weihnachtsfeiertage im Heiligen Land zu feiern. Getreu dem Motto der Pilgerreise „Das gelobte Land zum Greifen nahe" wurde jeder Pilger vom Reiseleiter, dem hochwürdigen Monsignore Alfons Amensmeier sowie dessen Schwester und Haushälterin Rosalie mit Handschlag begrüßt und nach Rang und Namen befragt. Fürs erste merkten sie sich nur die wichtigeren Persönlichkeiten: den emeritierten Universitätsprofessor Dr. phil. Ferdinand Brotteig nebst Frau Gemahlin aus München-Grünwald, den Herrn Amtsgerichtsrat a. D. Otto Eisenschuh mit Gattin aus Bad Reichenhall, den Altöttinger Verwaltungsinspektor Ludwig Kandlbinder mit Frau und die pensionierte Oberlehrerin Paula Schwämmchen aus Landshut. Sie erzählte jedem, der es hören wollte, dass sie schon zum zweiten Mal ins Heilige Land reise.

Ganz zuletzt, der Flug war schon aufgerufen und der Monsignore hatte bereits mehrere Stoßgebete zum Himmel geschickt, eilte die Pilgerin Maria Birnkammer aus Rottalmünster mit riesigen Schritten in die Abfertigungshalle. Ein rotgesichtiges, heftig schwitzendes Mannsbild lief hinter ihr her. Es war ihr Bruder, wie sie später erzählte. Er gab ihr noch gute Ratschläge auf den Weg mit: „Also Marie, pfüat di Good und bleib gsund. Vergiss des heilige Jordanwasser net für meine Füaß und schreib a Postkartn, wennsd druntn bist, gell!"

Die Birnkammer Maria war eine stattliche Mittfünzigerin. In ihrer Tracht, bestehend aus einem schwarzen Rock aus Taftseide, einer himmelblauen Seidenschürze, einem schwarzsei-

dernen Leibl und einem rosaroten Halstuch, sah sie aus wie
eine Bauerntochter aus dem vorigen Jahrhundert.

Der Monsignore eilte mit ihr zur Gangway, wo schon eine
nervöse Stewardess wartete, um sie zu ihren Plätzen im Flug-
zeug zu führen. Diesen Augenblick nutzte der Kandlbinder,
ein lustiges, quirliges Mandl mit polierter Glatze, um einen
seiner lockeren Sprüche loszuwerden. Er rief laut und vernehmlich: „Meine Damen und Herren! Die Jungfrau von
Orleans ist soeben eingetroffen!" Das freute die Reisegesellschaft. Seine Gemahlin aber stupste ihn mit dem Finger
in die Seite und sagte mit verklärter Stimme: „Du werst so
oana sei!"

Die Birnkammer unterschied sich nicht nur durch ihre unpraktische Kleidung von den übrigen Pilgern, sondern auch dadurch, dass sie ihre Reiseutensilien nicht in einem fahrbaren Schalenkoffer transportierte, sondern in einem grünen Rucksack, der offensichtlich schon viele Pirschgänge mitgemacht hatte. Dieser Rucksack wurde von ihr eifrig gehütet, ja, sie wollte sich sogar zusammen mit ihm anschnallen. Dies wiederum wollte die Stewardess nicht. Sie entwand der sich heftig wehrenden Maria den Rucksack und schloss ihn im Gepäckfach ein.

Nun begann ein eifriges Rätselraten bei der Pilgergruppe, was die Jungfrau von Orleans wohl in ihrem Rucksack mit sich führe. Der Kandlbinder, er wurde inzwischen von der Pilgergruppe liebevoll „Kandl" genannt, wollte seinen Kopf verwetten, dass sich in dem Rucksack eine Kaffeemaschine befinde. Der Metzgermeister Korbinian Frischeisen aus Zorneding schwor darauf, einen Zenterling Geselchtes gerochen zu haben. Die Schuhmacherswitwe Anna Rundum aus Laufamholz äußerte den bestimmten Verdacht, die Birnkammer sei eine anonyme Alkoholikerin. Sie erkenne solche Subjekte an ihrer Physiognomie. Schließlich habe sie einschlägige Erfahrungen mit ihrem seligen Mann machen müssen, der im Rausch gestorben sei.

Eine plausible wissenschaftliche Erklärung hatte der Professor Brotteig parat. In einem Ton, der keinen Widerspruch zuließ, dozierte er: „Ein wahrer Bayer trägt den Rucksack weniger zu Transportzwecken als aus angeborener Züchtigkeit. Wie manche Naturvölker das Gesicht oder das Haupt verhüllen, so verhüllt der Bayer seinen Kropf und sein Kreuz."

Von da an suchte jeder Pilger seine Finger unauffällig an den Rucksack der Birnkammer zu bringen, um den Inhalt zu ertasten. Lediglich der Amtsgerichtsrat Eisenschuh beteiligte sich an diesem unwürdigen Tasten nicht. Aber er sagte mit eindringlicher Stimme die geheimnisvollen Worte: „Matth. 5, Vers 3!" In solcher Kürze pflegte er, wie sich später herausstellte, gerne zu sprechen. Die volle Wirkung erzielte sein Ausspruch erst, als der Monsignore erklärte, damit sei der Evangelist Matthäus gemeint und der von ihm überlieferte Spruch Christi: „Selig die Armen im Geiste, denn ihrer ist das Himmelreich!"

Auch die Birnkammer Maria fiel bald mit ihren Redensarten auf. Wenn sie eine heilige Stätte betrat, rief sie laut: „Siehgst as!" Dann kniete sie sich jedesmal auf den Boden hin und küsste ihn, wie sie es dem Heiligen Vater im Fernsehen abgeschaut hatte. Wenn sie besonders gerührt war, wie zum Beispiel am Jakobsbrunnen oder im Garten von Gethsemane, breitete sie die Arme aus und betete andächtig ein paar Vaterunser. Danach drehte sie den Oberkörper nach allen Seiten, dass der Rucksack hin- und herflog und rief dabei ihr „Siehgst as" oder „Schaug noh grad! Schaug noh grad!"

Als sie sich in Jerusalem vor der Klagemauer mit dem Rücken zur Wand aufstellte, ihre Verbeugungen in entgegengesetzter Richtung zu den strenggläubigen Juden machte und voller Begeisterung immer wieder „Siehgst as!" ausrief, wurde dieser Veitstanz sogar dem gutmütigen Metzgermeister Frischeisen zu bunt. Er packte die Überraschte mit geübtem Griff beim Genick und schrie sie an: „Iatz langts aber, du damischer Teifi! Moanst, mir lassen uns wega dir eisperrn! Geh ma, geh ma, Marie, avanti, avanti!"

Das bewirkte, dass die schwerbewaffneten israelischen Soldaten nicht eingriffen, weil sie der Meinung waren, eine italienische Reisegruppe vor sich zu haben. Einer rief sogar: „Bella Italia!"

Das beherzte Eingreifen des Frischeisen-Vaters wurde bei der abendlichen Weinrunde der Pilgergruppe im Hotel von allen Seiten mit höchstem Lob bedacht und man diskutierte lange darüber, was wohl alles hätte passieren können, wenn der Frischeisen oder die israelischen Soldaten angesichts der Birnkammerischen Provokation die Nerven verloren hätten. Die Fettbäckchen der Frau Frischeisen zitterten noch im Nachhinein bei dem Gedanken, wie gering ihre Überlebenschancen in einer mit palästinensischen Terroristen überfüllten Gefängniszelle gewesen wären.

Als an dieser Stelle der Kandl die scheinheilige Frage aufwarf: „Wo is'n eigentlich de Siehgst-as-Marie?", da freute sich die Pilgerschar wiederum, denn dieser Spitzname gefiel ihr gleich noch besser als der erste.

Die Marie schlief derweil in ihrem Bett den Schlaf der Gerechten. Sie war bisher noch nicht zur Weinrunde eingeladen worden. Ihre Anwesenheit wäre inzwischen auch nicht mehr erwünscht gewesen, denn die Damen unterhielten sich gerade darüber, zuerst flüsternd, dann öffentlich und mit zunehmender Besorgnis, wann die „Siehgst-as-Marie" wohl endlich ihre Unterwäsche wechseln würde. Man bezweifelte sogar, ob sie überhaupt mit Ersatzwäsche ausgerüstet sei. In die allgemeine Entrüstung schleuderte der Amtsgerichtsrat ein neues Bibelzitat: „Joh.11, Vers 39!" Da trat eine große Stille ein. Mit diesem „Joh.11, Vers 39!" musste es eine besondere Bewandtnis haben, denn es klang wie eine Urteilsverkündung.

Der Monsignore war wieder so nett, den Zuhörern aus der Verlegenheit zu helfen. Im Kapitel 11 des Evangelisten Johannes werde über die Auferweckung des Lazarus berichtet, erläuterte er, und der Vers 39 laute: „Herr, er riecht schon".

Da musste der Kandl lachen, dass er sich verschluckte und alle lachten mit.

Am anderen Morgen drückte der Monsignore seiner Schwester einen Hunderter in die Hand mit dem Auftrag, einen Basar aufzusuchen und Unterwäsche für die „Siehgst-as-Marie" zu kaufen. Der Auftrag wurde unverzüglich ausgeführt. Daraufhin musste der gute Amensmeier seine ganze Beredsamkeit aufbieten, damit die Beschenkte seine kleine Notlüge glaubte, die Wäsche sei im Flugpreis inbegriffen. Natürlich war damit noch nicht sichergestellt, dass die Marie die neuen Sachen auch anzog und nicht als willkommenes Mitbringsel für die Rottaler Verwandtschaft betrachtete.

Der Amtsgerichtsrat sah sich immer häufiger genötigt, zum Gaudium der Pilger sein „Matth. 5, Vers 3!" oder sein „Joh.11, Vers 39!" zu rufen. Das Fräulein Schwämmchen betonte dann jedesmal, dass es bei dieser Pilgerreise bedeutend lustiger sei, als bei ihrer ersten, wo keine so netten Herren dabei gewesen seien.

Der Monsignore war mit der Pilgerin Birnkammer eigentlich ganz zufrieden. Sie kam immer pünktlich, beschwerte sich nie über das Essen und das Zimmer und sie war im Bus die eifrigste Rosenkranzbeterin. Wenn er bei den ausgedehnten Überlandfahrten von den Jordanquellen bis zum toten Meer auf eine Sehenswürdigkeit am Straßenrand hinwies, hob sie sogleich mit beiden Händen ihren geliebten Rucksack in die Höhe und ließ ihn mit dem Ruf „Siehgst as!" aus dem Fenster schauen. Der Kandl nutzte dies weidlich aus. Sobald er den Rucksack über den Sitzen auftauchen sah, sprang er auf und gab mit seinen Armen das Zeichen zum Einsatz eines vielstimmigen „Siehgst as!". Als diese bei der täglichen Weinrunde einstudierte Aufführung zum ersten Mal geschah, war die Marie sehr erschrocken und sie drückte ihr Gesicht in den Rucksack, dass niemand die Tränen in ihren Augen sah. Bei den weiteren Aufführungen lachte sie mit, denn ihr Herz war arglos und jugendlich geblieben.

Die Pilgerfahrt ging ihrem Ende entgegen. Alle Teilnehmer waren vom Schauen und Erleben satt wie Säuglinge. Der Kandl wurde bei der Besichtigung der Weinkrüge von Kana so lebhaft an sein Erdinger Weißbier erinnert, dass er vor Heimweh laut seufzen musste.

Am Tage der Abreise sorgte die „Siehgst-as-Marie" für eine letzte Überraschung. Ein Flughafenpolizist in Tel Aviv forderte sie energisch auf, den Rucksack zu öffnen und den Inhalt auf den Tisch zu legen. Sie tat es nur widerwillig. Es kam die Plastikflasche mit dem Jordanwasser zum Vorschein, dann ihre Leibwäsche und schließlich eine 40 cm hohe Lourdes-Madonna aus Porzellan. Blitzschnell griff der Polizist danach und hielt sie in die Höhe, unschlüssig, ob es sich um eine Bombe oder um eine antike Skulptur handle. Die Marie fiel ihm in den Arm und rief: „Ja was foit denn dir net ei? Tua sofort mei Himmemuadda wieder her! De hab i von dahoam mitbracht, dass d' as woaßt! Sie hat mitfahrn derfa, dass s' aa de heiligen Plätz amoi siehgt!"

Der Monsignore übersetzte dem Polizisten, was die Marie gesagt hatte und dann durfte sie ihre Habseligkeiten wieder einpacken. Der Kandl wollte gerade „Siehgst as!" rufen, da gab ihm seine bessere Ehehälfte mit dem Ellbogen einen schmerzhaften Rippenstoß.

Am Flughafen in München reichte der Monsignore wieder jedem Reiseteilnehmer die Hand zum Abschied. Der Maria Birnkammer aber zeichnete er andächtig ein Kreuz auf die Stirn.

Rache ist süß

Pünktlich um zehn Uhr klappt der Pfarrer von Sankt Pankratius, Willibald Kammler, sein Brevier zu, obwohl er heute mit den Psalmen noch nicht fertig ist. Er steht auf und geht in den Pfarrgarten zu seinen geliebten Bienen, um ihnen einen guten Morgen zu wünschen, denn er spricht mit ihnen wie mit seinen Pfarrkindern. Anschließend schaut er im Briefkasten nach, ob Post gekommen ist und kehrt mit zwei Briefen in sein Studierzimmer zurück. Den einen, der vom Ordinariat stammt, wirft er ungeöffnet in den Papierkorb, den zweiten hält er genüsslich an seine Nase, denn ein feiner Wohlgeruch von Seife geht immer aus von den Briefen seines Schulfreundes Bruno, eines vielgefragten Frauenarztes. Er kann sich schon denken, was in dem Brief steht. Es ist die Einladung zum Klassentreffen anlässlich des 50-jährigen Abiturjubiläums.

Den Pfarrer überkommt eine wehmütige Stimmung. Man möchte es nicht glauben, wie schnell die Zeit vergangen ist. Seine Augen wandern im Zimmer umher, bleiben an der Photographie eines jungen schlanken Primizianten hängen, der ihn anblickt wie ein Missionar, der sich gerade zu den Kopfjägern nach Neu-Guinea einschifft. Heute hat jener Primiziant hundertzwanzig Kilo Lebendgewicht und sein Haupt ist vom vielen Denken und Predigen kahl geworden, was ihn aber nicht sonderlich stört, weil es seinem Aussehen eine gewisse Würde verleiht. Der Willi, wie ihn seine ehemaligen Schulkameraden liebevoll nennen, kann mit Zufriedenheit feststellen, dass er ein Mann von durch und durch wamperter Gesundheit ist, mit einem gesunden Appetit und einer Fidelität, die zuweilen ganz schön über die Stränge schlägt. Schon in der Schule haben ihn Lehrer und Mitschüler für einen durchtriebenen Hund gehalten, vor allem, wenn er nach einem Streich sein unnachahmliches Schafsgesicht aufgesetzt hat. Er galt immer als Sunny-Boy, über den sich alle gewundert haben, als bekannt wurde, dass er auf geistlich studierte.

Der Schalk sitzt ihm auch jetzt wieder im Nacken. Beim letzten Klassentreffen vor fünf Jahren sind seine Mitschüler arg über ihn hergefallen. Scherzend und spottend haben sie ihre Witze über seinen dicken Bauch, über den guten Messwein, über den Zölibat und über den Papst gerissen und er hat ihnen lachend angedroht, dass er ihnen ihre Bosheit bei Gelegenheit heimzahlen werde. Diese Gelegenheit ist nun gekommen.

Mit einem Lächeln auf den Lippen nimmt er den Telefonhörer ab und wählt die Nummer von Bruno. Als sich dieser meldet, sagt er mit klagender Stimme: „Grüß dich Gott, Bruno. Der Willi ist da. Ich dank dir herzlich für deine Einladung zum Klassentreffen, aber ich kann leider nicht kommen. Ich sitz im Rollstuhl." Der Bruno ist schockiert, fragt, was ihm passiert sei. „Ich hab' eine Nervenlähmung in beiden Beinen. Du weißt ja selber aus deiner Tätigkeit, was es heutzutage so alles gibt." Besorgt fragt ihn der Bruno, wie lange er das Leiden schon habe und ob er in fachärztlicher Behandlung sei. „Natürlich bin ich in fachärztlicher Behandlung. Die Ärzte tun, was sie können, aber bis jetzt ohne Erfolg. Ich wär' für euch bloß eine Belastung, wenn ich mit mei'm Rollstuhl zum Klassentreffen kommen tät. Tut mir leid. Sag halt allen Mitschülern einen Gruß von mir. Ich wünsch euch einen schönen Tag. Vielleicht gehts mir beim nächsten Treffen wieder besser."

Da kommt er beim Bruno schön an: „Red kein dummes Zeug, Willi! Des kommt überhaupt net in Frage, dass du daheim bleibst, während wir feiern. Wir müassatn uns ja ewig schämen."

Der Willi hüstelt ins Telefon, sagt, dass er gerührt, aber bei seinem Zustand zu nichts nütze sei und schon gleich gar nicht den Dankgottesdienst halten könne. Der Bruno bleibt eisern: „Willi, des macht doch nix. Dann schwingt halt die Messe ein anderer Pfarrer. Da find' ich schon einen. Jetzt wird nimmer lang diskutiert. Am Samstag um achte in der Früah steh' ich mit einem Kombi vor dei'm Pfarrhof. Wir holn dich ab und auf d' Nacht fahrn wir dich, wie gehabt, mit'm Schubkarrn wieder heim."

Der Willi hüstelt wieder ins Telefon, lässt einige Seufzer folgen und stammelt:

„Ich kann doch nicht verlangen, dass ihr mich mit'm Rollstuhl rumschleppts, noch dazu, wo ich die letzte Zeit arg zug'nommen hab."

Der Bruno ist unbeeindruckt: „Mach dir keine Gedanken, Willi, wir tragen dich sogar auf die Frauentürm' nauf, wenn's sein muss. Da Kare hat erst kürzlich bei einem Volksfest eine Zwei-Zentner-Sau hundert Meter weit g'schleppt. Zur Not kann er dich auch buckelkraxn tragn."

Vor soviel Hilfsbereitschaft und Freundschaft muss der Willi kapitulieren und so antwortet er mit zittriger Stimme: „Also in Gottes Namen. Wenn du meinst, Bruno, dass i euch net z'viel Umständ mach, dann holts mich am Samstag ab."

Der Bruno erzählt kurz darauf unter dem Siegel der Verschwiegenheit seinen Mitschülern am Telefon von dem Missgeschick des Willi und behauptet fest und steif, dass dieser vor lauter Rührung über seine Einladung geweint habe.

Der Willi seinerseits hat spitzbübisch gelächelt, als er den Hörer auflegte, weil der Bruno so schnell angebissen hat.

Am Samstag steht der Kombi vor der Tür des Pfarrhofs, sechs Mann stürmen hinein und tragen kurz darauf den in einem Rollstuhl sitzenden Willi aus dem Haus, zwei links, zwei rechts, der Wurstfabrikant Karl steuert mit den hinteren Griffen das Gefährt und der Bruno passt auf, dass der Willi nicht vorne hinausfällt. Die drei Stufen am Eingang des Pfarrhofs und das Hineinheben des Willi in den Kombi sind für die ausgeruhten Männer kein Problem. Schwieriger wird es schon, als sie eine halbe Stunde später vor der Kirche ankommen und feststellen müssen, dass dort fünf Stufen zu überwinden sind. Nachdem die übrigen Schulkameraden und deren Frauen den „armen Willi" gebührend begrüßt haben, und der Bruno noch weitere Kameraden als Träger angeheuert hat, wird der Willi in seinem Rollstuhl unter einem allgemeinen Hallo die fünf Stufen hochgestemmt.

Nach dem Gottesdienst sind die fünf Stufen noch immer da. Der Felix, ein hagerer, hochschultriger Mann mit bleichem Gesicht, dem es schon beim Hinaufheben des Rollstuhls die Augäpfel herausgebatzt und die Knie eingedrückt hat, fragt den Willi, ob es denn wahr sei, dass er wirklich nur zwei Zentner wiege. Er hätte das Gefühl, dass an drei Zentnern nicht viel fehle. „Du lasst dir's zu guat geh, Willi!", meint er vorwurfsvoll. Um keinen falschen Eindruck beim Willi aufkommen zu lassen, ruft der Bruno fröhlich: „Einer trage des andern Last!" Und der Kare schreit: „Wer mein Jünger sein will, der nehme den Willi auf sich und folge mir nach!"

Der Willi antwortet grinsend: „Eine solche Kameradschaft ist einmalig. Respekt!"

Das Mittagessen wird im Gasthof Lammbräu eingenommen. Alfred, Industriemanager von Beruf, dynamisch und intelligent, der bisher an der linken Seite des Rollstuhls eingesetzt war, sieht sofort, dass diesmal sechs Stufen zu bewältigen sind. Geschäftig eilt er in die Wirtschaft, um sich zu erkundigen, ob es noch einen anderen Eingang gebe, aber er kommt wieder unverrichteter Dinge heraus. Damit er nicht wieder tragen muss, macht er jetzt den Anschaffer: „Wohlauf, Kameraden, aufs Pferd, aufs Pferd! Alles hört auf mein Kommando! Auf drei packt jeder an! Eins, zwei drei!"

Zehn kräftige Hände packen zu und schon landet der Willi vor der Wirtshaustür. „Gott sei Dank", sagt der Flori, „obn hätt' man. Herunter müass ma uns no mehra plagn, weil der Herr Hochwürden dann um zwei Schweinsbraten und zwei Mass Bier schwerer ist."

Der Willi ist ihm nicht beleidigt. Er genießt es, so verwöhnt zu werden. Er kommt sich vor, wie der Heilige Vater bei der Papstaudienz und verkündet salbungsvoll: „Wir werden uns dafür einsetzen, dass die Herren, die sich heute um die heilige Kirche verdient machen, den Orden ‚Pro ecclesia' erhalten."

Nach dem Mittagessen ruft der Bruno seine Mannen zusammen, dass sie den Willi wieder die sechs Stufen hinuntertragen, aber er bringt nur noch vier Träger zusammen. Die anderen sind spurlos verschwunden. Nun müssen auch zwei kräftige Frauen mithelfen, was dem Willi gar nicht recht ist. Es scheint tatsächlich so, als ob der Willi jetzt schwerer geworden ist. Nur mit Müh und Not kann eine Bruchlandung vermieden werden. Diesmal muss sich der Flori, knieweich und kreidebleich vor lauter Anstrengung, auf die Stufen hinsetzen. Seine Gemahlin päppelt ihn allmählich mit Hoffmannstropfen wieder auf.

Der Willi unterhält sich derweil lustig und fidel mit den Damen. „Des hätt i net denkt", ruft er laut in die Runde, „dass es in der heutigen Zeit noch so nette und hilfsbereite Menschen gibt!"

Das fällt wie Balsam in die Herzen seiner Kameraden. Jeder glaubt, einen gewichtigen Teil zum Glück des Willi beigetragen zu haben.

Nun steht noch ein Museumsbesuch auf dem Programm. Zum Glück geht es dort nur zwei Stufen hinauf. Das ist noch zu packen, aber das Museums-Café ist im Keller und da geht es sieben Stufen hinunter. Einen Fahrstuhl gibt es nicht und so muss der Bruno wieder seine Träger herbeizitieren.

„Ich warte gern heroben, bis ihr wieder da seid", sagt der Willi mit dem treuherzigen Blick eines Bernhardinerhundes, „bloß tät ich bitten, dass mir jemand eine Tasse Kaffee raufbringt, weil mir der Schweinsbraten ein bisserl zu fett war."

Der Bruno protestiert energisch: „Das kommt ja gar nicht in Frage. Alfred, Theo, Flori und Karl! Her da! Auf geht's beim Schichtl! Alle: ho ruck! Und nomoi: ho ruck! Und wieder: ho ruck! Gleich hammas, Willi! Jetz hätt ma dich boid umgschmissen."

Der Theo, seines Zeichens diplomierter Psychologe, den der Willi schon öfter als Schwätzwissenschaftler bezeichnet hat, ist stocksauer, weil ihm der Karl versehentlich in die Ferse getreten ist. Er schimpft aber nicht den Karl, sondern den Willi: „Mach dich halt nicht gar so schwer, Willi! Wir sind doch keine Möbelpacker!"

Der Willi fühlt sich pudelwohl.

Viel zu schnell vergeht der Nachmittag. Der Willi lässt sich von den Damen mit Schwarzwälder Kirschtorten füttern und alle sind selig, dass er gekommen ist und in ihrer Gemeinschaft einen so schönen Tag erleben darf. Die Freude wird allerdings kurz getrübt, als der Willi auf die Toilette muss und sich herausstellt, dass diese im ersten Stock ist. „Das sind ja wieder vierzehn Stufen!", stöhnt der Felix.

Die Träger mit den Bandscheibenschäden bekommen die ersten Zweifel, ob es richtig war, den Willi einzuladen.

Nun kommt die Zeit des Abschiednehmens. Die ersten Gäste müssen heimfahren. Sie möchten sich vom Willi verabschieden und ihm alles Gute für die Zukunft wünschen. Da steht er flink von seinem Rollstuhl auf, geht wie der auferweckte Lazarus feierlich auf sie zu und streckt ihnen die Hände entgegen.

Die Damen durchschauen als Erste, dass er ihnen ein Theater vorgespielt hat. Sie lachen herzlich über seinen Streich.

Die verblüfften Klassenkameraden brauchen ein wenig länger. „Ja, du odrahter Lump, du odrahter!" schreit der Bruno. „Dich soi ja glei der..." Gerade kann er noch das unpassende Wort Teufel durch Kuckuck ersetzen. „Pfundweis soll er dich holen!", ruft der Felix. „Dass a Pfarrer so lüagn ko, hätt i net für möglich ghoitn. Des kost't dich a Fassl Bier!"

„Und an Kessel voi Weißwürst!", ruft der Kare grimmig. „Sonst schmeiß ma dir im Pfarrhof alle Fenster ei."

Der Willi sagt gut gelaunt. „Jetzt sind wir wieder quitt. Und in vier Wochen seid ihr alle bei mir eing'ladn zu einem Dankgottesdienst für meine wunderbare Heilung."

Schau lieber nicht herab, o Herr !

Als der Pfarrer Gottlieb Engel in die Münchener U-Bahn einstieg, um im Nordfriedhof die Beerdigung eines frommen Pfarrkindes zu einem guten Ende zu bringen, war er mit sich und der Welt wieder ganz zufrieden. Der Tag hatte mit allerhand Aufregungen begonnen. Der Wecker war nicht abgelaufen, sodass er eine Stunde zu spät aufgewacht war, dann hatte er sich am heißen Kaffee den Mund verbrannt, ein anonymer Anrufer wollte schon zum dritten Mal wissen, ob seine Gemahlin zu sprechen sei, auf dem Weg zur U-Bahnstation fiel ihm schließlich ein, dass seine Brille zu Hause auf dem Esstisch lag. Mit Hilfe einer Einsatzstaffel von Schutzengeln war es ihm schließlich doch noch gelungen, die U-Bahn in letzter Minute zu erreichen.

Heftig nach Luft schnappend ließ er sich auf die gepolsterte Sitzbank fallen und als er sich ein wenig erholt hatte, machte er es sich an seinem Fensterplatz bequem. Er holte sein Brevier hervor, legte die Streifenkarte in das aufgeschlagene Buch, damit er bei der Fahrkartenkontrolle nicht erst danach suchen musste. Dann ging er in Gedanken noch einmal seine Grabrede durch. Er konnte sich mit Recht rühmen, ein gefragter Kanzelredner zu sein, der sich im Weinberg des Herrn nicht schonte. Seine geschliffenen, bibelgewürzten Sätze flossen wie ein munteres Bächlein aus seinem Mund, quellfrisch und klar, zuweilen weit ausgreifend, aber trostreich für die tieftrauernden Hinterbliebenen und unter die Haut gehend für die Trauergäste.

Danach musterte er unauffällig die Mitreisenden. Er liebte es, in ihren Gesichtern zu lesen und auf ihren Seelenzustand zu schließen. Seltsam, dass man im Zug meist nur müde, abgekämpfte Leute antraf, die freudlos vor sich hinstarrten oder sich hinter einer Zeitung verbargen. In diesem Punkt musste er Friedrich Nietzsche ausnahmsweise recht geben, der gespottet hatte, die Christen blickten immer noch so unerlöst drein.

Zwei junge Burschen im Abteil mit unappetitlichen, schulterlangen Haaren unterhielten sich laut und ungeniert über die Kunst des Schwarzfahrens. Kindisch kichernd – er wusste nicht, ob sie ihn ärgern wollten – erzählten sie sich in allen Einzelheiten, wie man mit manipulierten Fahrkarten die U-Bahn benutzen könne. Während er überlegte, wie er diesen unreifen Leuten seinen Abscheu über ihre kriminellen Machenschaften auf möglichst brüderliche Weise kundtun könne und wohlgefällig auf seine Streifenkarte hinunterblickte, stockte plötzlich der wohlige Strom seiner Gedanken, denn erkannte mit Entsetzen, dass er vorhin in eine bereits entwertete Karte hineingestempelt hatte. Die vergessene Brille war daran schuld, aber wer würde ihm diese Entschuldigung glauben? Es blieb ihm bei einer Fahrkartenkontrolle nichts anderes übrig, als sich sofort dem Kontrolleur zu offenbaren und die fällige Geldbuße zu zahlen. Ein Griff in die Innentasche seines Sakkos zeigte ihm aber, dass er auch seine Brieftasche mitsamt der Geldbörse zu Hause liegengelassen hatte. Nervös begann er, den letzten Stempelaufdruck auf der Streifenkarte mit dem feuchten Daumen, dann mit dem Fingernagel zu bearbeiten, bis er nicht mehr sichtbar war. Allerdings war der Karton jetzt an dieser Stelle fast durchgewetzt. Er hatte die Sache noch schlimmer gemacht und konnte nur hoffen, dass der Kontrolleur die Radierung für einen Schmutzfleck hielt.

Nicht auszudenken, wenn seine Fälschung aufkam. Er sah im Geiste schon die Schlagzeilen in den Münchener Zeitungen: „Pfarrer fährt zum Nulltarif!", „Wenn Schwarze schwarzfahren!", „Münchner Pfarrer betrügt die MVV!"

„Vater", flehte er inbrünstig, „lass diesen Kelch an mir vorübergehen!"

Was wird der Kardinal zu meiner Schande sagen? Wird er mich verachten, wenn ich vorbestraft bin? Oder wird er einen Psychiater beauftragen, meine geistige Unzurechnungsfähigkeit zu attestieren?

Er konnte keinen vernünftigen Gedanken mehr fassen. Ich muss bei der nächsten Haltestelle sofort aussteigen! Aber dann müssen die Trauergäste im Nordfriedhof eine Stunde lang auf mich warten. Das darf nicht sein! Ich könnte jemand im Abteil ansprechen und um Geld bitten. Ich könnte einen Ohnmachtsanfall vortäuschen.

Wie ein Häufchen Elend saß Gottlieb Engel in seinem Eck. Aufreizend langsam fuhr der Zug in die Station „Münchner Freiheit" ein. Er konnte sich nicht entschließen, die U-Bahn zu verlassen.

„Erhöre mich, o Gott! Errette mich aus der Schlinge des Jägers und aus allem Verderben."

Nach einer Ewigkeit, wie ihm schien, schlossen sich die Türen des Waggons. Gott sei Dank! Es war kein Kontrolleur zugestiegen. Er öffnete den Halskragen, spürte, wie ihm der Angstschweiß über den Rücken hinablief. Jetzt hatte er nur noch die Haltestelle „Dietlindenstraße" zu überstehen, dann war er beim Nordfriedhof.

„O Gott, die Zeit ist voller Bedrängnis! Sei mir nicht fern, denn die Not ist nahe, und niemand ist da, der mir hilft."

Haltestelle: Dietlindenstraße! Auf dem Bahnsteig standen zwei Männer in Ledermänteln und mit aufgestelltem Kragen. Sein Flehen ist also nicht erhört worden. Die Türen öffneten sich. Die Männer stiegen ein.

„Ja, der Herr kennt den Weg des Gerechten, der Weg der Frevler aber führt in den Abgrund."

Noch nie war Gottlieb Engel ein Psalm so nahe gegangen wie dieser. Die Kontrolleure kamen immer näher. „Bitte die Fahrscheine vorzeigen!" Es gab kein Entrinnen mehr. „Allmächtiger, lass einen Selbstmörder vor den Zug springen!"

Gottlieb Engel drückte sich an das Fenster und stellten sich schlafend. Die Streifenkarte ließ er oben aus seinem Brevier herausstehen.

Die Fahrgäste neben ihm wurden aufgefordert, ihre Fahrscheine vorzuzeigen. Bei jedem „Danke" des Kontrolleurs fuhr ihm ein Schauder über den Rücken. Nun wendete sich der Mann ihm zu. Er deutete lässig mit dem Finger auf seine Streifenkarte, sagte „Danke", drehte sich um und ging in den nächsten Waggon.

Der Zug fuhr in die Haltestelle „Nordfriedhof" ein.

Gottlieb Engel erhob sich. Seine Knie zitterten, dass er kaum zu stehen vermochte. Der Zug hielt an. Er stieg aus, wankte zur Rolltreppe und fuhr zum Ausgang hinauf. Dort strahlte ihm die helle Sonne entgegen. Er meinte, soeben einen Schiffsuntergang überlebt zu haben und schickte einen dankbaren Blick zur Sonne hinauf, hinter der er den Himmel vermutete. „Das nennt man Glück", dachte er. „Ein winziger Augenblick hat mich vor einer Katastrophe bewahrt."

Aber Gottlieb Engel wusste nicht, dass das Glück nur aus winzigen Augenblicken besteht. Denn nun fiel ihm ein, dass er kein Geld in der Tasche hatte und den Heimweg zu Fuß zurücklegen musste. Das waren mindestens fünf Kilometer. Wann war er zuletzt eine solch mörderische Strecke gegangen? Voller Mitleid schaute er auf seine schwächlichen Füße und auf seine spitzen Lackschuhe hinunter.

Plötzlich huschte ein warmes, fast schelmisches Lächeln über sein Gesicht. „O Herr Jesus", sagte er, „du bist viele Male zu Fuß durch Galiläa gepilgert und sogar auf dem See Genezareth gewandelt. Aber du musst zugeben, dass du mit meinen engen Schuhen nicht weit gekommen wärst. Entschuldige, wenn ich auf lästerliche Weise nochmals deine Hilfe in Anspruch nehme. Sollte es dir peinlich sein, dann schaue nicht auf mich herab, wenn ich nach der Beerdigung wieder mit der ungültigen Streifenkarte zurückfahre."

O heiliger Sankt Florian!

Die folgende Geschichte ist mir von meinem Freund Kaspar hinterbracht worden. Ich kann daher nicht dafür einstehen, dass sie sich so zugetragen hat, wie ich sie hier schildere.

Der Kaspar wohnt in einem schönen niederbayerischen Kirchdorf, das sauber und freundlich ist wie die Dörfer allesamt in der Gegend um Landshut. Der prächtige Kirchturm mit seiner Zwiebelhaube grüßt schon von weitem die Sonntagsausflügler. Die um die Kirche herum gelegenen Vierseithöfe sind behäbig, alle neu heruntergeweißt. Am Dorfrand findet man ein Dutzend Siedlungshäuser, die sich ausnehmen wie vornehme Städter, die ihre Verwandten auf dem Land besuchen. Die buntesten Bauernblumen leuchten aus den Vorgärten. Es ist eine Idylle dieses Dorf, auch deshalb, weil es noch ein stattliches Wirtshaus dort gibt, in dem sich die Männer am Sonntag nach dem Hochamt zu einem gemütlichen Frühschoppen zusammensetzen können.

An zwei Tischen wird fleißig Schafkopf gespielt. In vierzehn Tagen ist nämlich beim Wirt ein großes Schafkopfturnier, zu dem die Nachbardörfer die gewieftesten Kartler schicken werden. Wenn der Hauptpreis im Dorf bleiben soll, muss noch viel trainiert werden. Da ist jede Minute kostbar. Wenn halt der Pfarrer ein Einsehen hätte und wenigstens bis zum Turnier die Sonntagspredigt ausfallen lassen würde. Eine Delegation, die zu ihm mit einem entsprechenden Vorschlag geschickt wurde, ist leider unverrichteter Dinge zurückgekehrt.

Der Pfarrer, ein gutmütiger Hirte, der, wenn es nottut, auch energisch sein kann, ist im großen und ganzen mit seinen Schäflein zufrieden. Der Kirchenbesuch ist besser als anderswo und er hat es in geduldiger Überzeugungsarbeit fertig gebracht, dass die Männer und Burschen der Messe nicht draußen auf dem Friedhof beiwohnen, sondern in der Kirche; die gestandenen Männer unten im Kirchenschiff, die Burschen oben auf der Empore. Wenn er nur wegen der langen Predigten mit sich reden ließe.

Heute, acht Tage vor dem Schafkopfturnier, ist der Dreifaltigkeitssonntag. Der geistliche Herr nimmt sich besonders viel Zeit, seinen Gläubigen das Geheimnis der heiligen Dreifaltigkeit näherzubringen. Am Schluss seiner Predigt hebt er vor den erstaunten Kirchenbesuchern ein weißes Handtuch in die Höhe, das er dreimal zusammengefaltet hat. Dann lässt er es auseinanderfallen. „Gott Vater, Gott Sohn, Gott Heiliger Geist", sagt er. „Habt ihr jetzt verstanden, was die Dreifaltigkeit ist?"

In diesem Augenblick ertönt in der Kirche ein durchdringendes Pfeifen, das immer stärker anschwillt und schließlich mit einem lauten Signalton endet. Alle Köpfe drehen sich zur Empore, von wo jetzt acht genagelte Stiefel mit großem Getöse eilig die hölzernen Stufen heruntertrappeln. Dann fällt die Kirchentür mit großem Knall ins Schloss und es ist mäuschenstill in der Kirche.

Der Pfarrer ist über die Störung seiner schönen Predigt empört. Er hat schon einige kräftige Worte auf der Zunge, aber als er das zerknirschte Gesicht des Feuerwehrkommandanten erblickt, besinnt er sich anders. Mit süßsauerem Lächeln sagt er: „Die Feuerwehr! Wenn der heilige Florian ruft, muss sogar der Herrgott zurückstehen!" Hierauf faltet er sein Handtuch wieder kunstvoll zusammen, um das Geheimnis der Dreifaltigkeit von neuem zu erklären.

Aber die Aufmerksamkeit seiner Zuhörer ist sozusagen beim Teufel. Auf der Frauenseite zermartern sich mehrere Bäuerinnen ihren Kopf, ob sie beim Fortgehen die Herdplatten

111

ausgeschaltet haben. Die Kirchhofer Nandl macht sich die höchsten Vorwürfe, weil sie vor dem Hochamt noch schnell ihre Bluse gebügelt hat. Der Sonnleitner Flori, der das Wasser zum Rasieren noch immer in einem Blechtopf mit dem Tauchsieder erhitzt, wartet jeden Augenblick darauf, dass er zum Löschen nach Hause geholt wird. Die Buben wetzen ungeduldig auf der Bank hin und her und beten inständig darum, das Feuer möge doch ein bisschen langsamer brennen, damit sie nach dem Hochamt auch noch etwas davon haben.

Inzwischen sind die wackeren Feuerwehrmänner lachend beim Wirt in der Gaststube eingetroffen, wo sie ihrem Kameraden, der die Alarmanlage so gekonnt umprogrammiert hat, dass nur beim Nobler Beni in der Kirche der Alarm ausgelöst worden ist, anerkennend auf die Schulter klopfen.

Als die ersten Kirchenbesucher eine halbe Stunde später beim Wirt eintrudeln und neugierig fragen, wo es denn gebrannt habe, sitzen die vier Ausreißer schon eifrig beim Schafkopfen und murmeln scheinheilig etwas von einem Fehlalarm.

Der Kommandant hat den wahren Sachverhalt schnell herausgefunden und dann war wirklich Feuer auf dem Dach. Wenn erst der Pfarrer dahinter kommt, welcher Streich ihm gespielt wurde, wird über dem Dorf auch noch ein fürchterliches Hagelwetter niedergehen.

Der Vatikan weiß alles

An einem regnerischen Samstagabend im November saß der Hochwürden Johann Baptist Distel, Pfarrer von Bichlham im Beichtstuhl und betete das Brevier. Ab und zu blickte er auf seine Uhr, denn er wollte bis zum Ende der Beichtzeit ausharren.

Endlich wurde die Kirchentüre geöffnet. Ein Mann betrat die Kirche, in der es schon dunkel geworden war. Er näherte sich dem Beichtstuhl und stellte eine Reisetasche ab. Dann setzte er sich eine Pudelmütze mit Sehschlitzen auf und schlüpfte in das rechte Abteil des Beichtstuhles.

Mit zittriger Hand richtete er einen Revolver auf den Pfarrer und zischte: „Hände hoch oder ich schieße!"

Der Pfarrer Distel, der wegen seiner mächtigen Statur und seelischen Robustheit in der Pfarrei Don Camillo genannt wurde, antwortete dem Eindringling unerschrocken: „Wie soll ich in dem engen Beichtstuhl die Hände hochheben, du Esel? Nimm dein Schießeisen herunter, sonst komm ich hinaus und verpass dir eine Kopfnuss, dass du die Engel singen hörst."

Der Unbekannte ließ die Hand mit der Pistole sinken und begann noch einmal, aber schon ein wenig verunsichert, zu drohen:

„Keine Bewegung! Du nicht schreien, sonst Leiche! Verstanden?"

Und was will der feine Herr von mir?", fragte der Pfarrer.

„Ich nicht beichten, aber du schweigen wie Grab. Die Bullen sind hinter mir her wegen Überfall. Ich lasse eine Tasche bei dir. Du gut aufheben! Wenn Luft rein, ich hole Tasche wieder ab. Du nicht zur Polente gehen! Verstanden? Russenmafia wissen alles, sehen alles, machen kurzen Prozess für Verräter. Bumbum, kleines Loch im Kopf, Pfarrer tot."

Noch ehe der Pfarrer weitere Fragen stellen konnte, verließ der geheimnisvolle Mann den Beichtstuhl, ergriff die abgestellte Tasche, riss die mittlere Türe des Beichtstuhles auf, legte dem verdutzten Pfarrer die Tasche auf den Schoß und verschwand lautlos.

Die schwere Tasche zeigte dem Pfarrer, dass er nicht geträumt hatte. Neugierig öffnete er den Reisverschluss und griff in die Tasche hinein. Seine Finger ertasteten eine große Pistole. Er verschloss die Tasche wieder und überlegte, wie er sich verhalten solle. Dann trug er die Tasche in die Sakristei, zündete einen Kerzenstummel an und stieg die steile Wendeltreppe zum Speicher der Sakristei hinauf. Dort leerte er den Inhalt der Tasche vorsichtig auf einem Tisch aus. Es kamen eine tschechische Pistole, Marke Skorpion, zwei Magazine mit Patronen, eine Eierhandgranate, eine schwarze Gesichtsmaske und ein Paar Lederhandschuhe zum Vorschein. Er versteckte die Gegenstände in einem Paramentenschrank und trug die leere Reisetasche in die Sakristei hinunter, um sie in den Pfarrhof mitzunehmen.

Bevor er die Kirche absperrte, ging er noch zum Hauptaltar, kniete sich auf die erste Altarstufe hin und sprach zum ewigen Licht hinauf:

„Lieber Gott, was sagst Du zu diesem Gauner? Wenn er die Frechheit hat, sich noch einmal in unserer Kirche sehen zu lassen, kriegt er von mir eine Tracht Prügel, die er sein ganzes Leben lang nicht mehr vergisst."

„Ich habe auch einmal Prügel bekommen, Johann Baptist."

„Verzeih, dass ich das vergessen habe. Nicht mein Wille geschehe, sondern der Deine. Du siehst in sein Herz und kennst sein Gesicht. Du weißt daher mehr als ich. Wenn Du ihn be-

114

gnadigen willst, dann gib ihm noch eine Chance. Ich will ihn ja nicht auf dem Gewissen haben. Nur um eines bitte ich Dich: Lasse es wenigstens nicht zu, dass dieser Kerl aus meiner Pfarrei kommt."

„Warum?"

„Meine Oberen werden mir vorhalten, dass ich in meinem Priesteramt zu nachlässig gewesen bin und die Betschwestern werden sagen: „Jetzt hat er die Quittung dafür, dass er nie auf unsere Ratschläge gehört hat."

„Wir werden sehen, Johann Baptist."

Zufrieden mit dem Ergebnis seiner Verhandlungen verneigte sich der Pfarrer und ging dann über den Friedhof zum Pfarrhof, wobei er das unangenehme Gefühl hatte, beobachtet zu werden.

In seinem Arbeitszimmer durchsuchte er nochmals sorgfältig die Reisetasche. Danach holte er im Keller die alten Zeitungen. Er fand eine dürre Zeitungsnotiz, dass ein Unbekannter in der nahen Kreisstadt einen Supermarkt überfallen habe, aber ohne Beute geflohen sei, nachdem es der Kassiererin gelungen war, die Alarmanlage auszulösen. Die Polizei ersuchte die Bevölkerung, Beobachtungen mitzuteilen.

Johann Baptist Distel rieb sich vergnügt die Hände und setzte in den folgenden Tagen seine Nachforschungen in Bichlham fort.

Drei Wochen später kündigte der Unbekannte telefonisch an, er werde in den nächsten Tagen seine Tasche abholen. Sollte der Herr Pfarrer die Polizei verständigen, werde ein großes Unglück geschehen.

Bereits am folgenden Tag – es war wieder ein Samstag und wieder während der „Beichtgelegenheit" – betrat der Mann den Beichtstuhl und kam gleich zur Sache:

„Wo sein meine Tasche? Ich gebe drei Minuten Zeit, dann du sein bei Jesus."

Blitzschnell zog der Pfarrer die tschechischen Pistole und richtete sie auf sein Gegenüber. Dann sagte er:

„Du sein fertig mit Rede, dann du mir gut zuhören. Der Vatikan weiß alles, kennt auch Russenmafia von Bichlham. Du sein beim Vatikan als blutiger Anfänger bekannt. So und jetzt sprechen wir deutsch miteinander: Dunstmeier Franzl, nimm deine Strumpfmaske ab. Ich rede dich mit du an, weil du noch ein Kindskopf bist und eine Tracht Prügel verdienst. Wie hast du dir das vorgestellt? Das schnelle Geld machen, indem du einer alten Frau die Pistole vor die Nase hältst und dann mit den Tageseinnahmen verschwindest?

Hast du nicht daran gedacht, welche Schwierigkeiten du deinem Vater, unserem Schulleiter, bereitest, wenn du wegen Raubes im Gefängnis sitzt? Danke Gott, dass der Überfall nicht geglückt ist. Aber was man sich eingebrockt hat, muss man auch wieder auslöffeln. Das wirst du einsehen.

Als Sühne für die Entweihung unserer Kirche wirst du den ganzen Winter über vor der Kirche und vor dem Pfarrhof den Schnee wegräumen. Verstanden? Für die Angst, die du der Kassenleiterin des Supermarktes eingejagt hast – du weißt, wo sie wohnt – wirst du ihr das Holz spalten, das vor ihrem Schuppen liegt.

Deine Tasche kannst du wieder mitnehmen. Ich habe einige Bücher hineingelegt, die du lesen solltest. Deine Pistole hebe ich mir als Andenken auf. Vielleicht kann ich sie noch einmal brauchen. Einen Teil der Munition habe ich bei der Polizei in den Briefkasten geworfen. Die Handgranate brauche ich zum Fischen und am nächsten Samstag erwarte ich dich zu einer ehrlichen Beichte.

Als der junge Mann die Kirche verlassen hatte, ging der Pfarrer Distel wieder zum Hochaltar, um sich beim Herrgott für den glücklichen Ausgang der Sache zu bedanken. Schelmisch fragte er:

„Bist Du zufrieden mit mir, lieber Gott? Ehrlich gesagt, wenn Du nicht dem Burschen das Hirn so vernebelt hättest, dass er vergessen hat, seine Adresse in der Seitentasche herauszukratzen, hätte ich nicht gewusst, wie ich mit ihm fertig werde."

„Und wie du mit ihm fertig geworden bist, Johann Baptist! Sogar ohne Prügelei!"

„Er wäre schon nicht daran gestorben."

„Da bin ich mir nicht so sicher."

„Noch etwas, lieber Gott. Ich danke Dir, dass der Junge aus meiner Pfarrei stammt."

„Deshalb solltest du ihn für das Schneeräumen auch ordentlich bezahlen."

„Was? Ich soll ihn bezahlen? Dann kann ich ja den Schnee gleich selber..."

„Was meinst du?"

„Ach nichts Besonderes. Es war nur so dahingesagt."

„Dann können wir also beide zufrieden sein?

„Ja, lieber Gott."

Der Pfarrer Johann Baptist Distel verbeugte sich tief vor dem ewigen Licht und ging beschwingt aus dem Gotteshaus.
Schade, dass er nicht mehr zurückgeschaut hat. Er hätte auf dem Gesicht des Gekreuzigten ein himmliches Lächeln gesehen.

Das Findelkind

Es ging schon auf Mitternacht zu, als der Lanzl Sepp, bierselig und ein Schnaderhüpfl pfeifend, weil es sich für den Bürgermeister von Egglham nicht schickte, den liederlichen Text laut zu singen, vom Wirtshaus heimkehrend vor seinem stattlichen Bauernhof eintraf. Er spürte sofort, dass hier etwas nicht in Ordnung war, denn sein Rex sauste an der Laufkette aufgeregt zwischen den zwei Hofeinfahrten hin und her und trachtete immer wieder auf die Haustür hin, vor der ein dunkler Gegenstand auszumachen war. Der Sepp beruhigte den Hund, indem er ihn streichelte und leise auf ihn einredete. Dann ging er zur Haustüre, wo eine große schwarze Reisetasche abgestellt war. Er stieß mit dem Fuß daran. Als sich nichts rührte, öffnete er vorsichtig den Reißverschluss und fand in der Tasche ein friedlich schlummerndes Baby. Neben dem Kind steckte ein Briefumschlag. Er öffnete ihn. Neugierig und nichts Gutes ahnend, las er:

„Hallo, lieber schwarzer Kater! Denkst du noch an unser Randewu, das du mit deinem Spezi beim Oktoberfest in meiner Wohnung genosen hast. Ich hab es nicht vergesen, indem das du mir ein Andenken hinterlasen hast, das ich dir heute zurücksenden mus. Sei deinem Kind ein guter Vater. Deine Mausi.

NB. Wenn du zur Polizei gehst, fliegst du auf!"

Der Sepp steckte den Brief rasch in die Tasche zurück. Er fluchte leise vor sich hin und blickte umher, ob ihn jemand gesehen oder gehört hatte. Wie ein Blitz die Nacht erhellt, so kam ihm mit einem Schlag das verhängnisvolle Abenteuer in München in den Sinn, das er seither mit allen Fasern seines Herzens verdrängt hatte. Wenn seine eifersüchtige Kathl davon erfuhr, hatte er nichts mehr zu lachen. Das ganze Dorf würde über ihn herfallen und der Pfarrer hätte endlich ein Mittel in der Hand, seine sehnlichst erwartete Wiederwahl zum Bürgermeister zu hintertreiben. Jetzt konnte nur noch sein Freund Hans, sein damaliger Reisegefährte, helfen.

Er packte die Reisetasche und eilte zum nahe gelegenen Schulhaus. Zum Glück war der Herr Oberlehrer Hans Urban als Junggeselle Tag und Nacht erreichbar.

Dieser war nicht wenig überrascht, als er den späten Gast einließ. Der Sepp öffnete mit zitternder Hand die Reisetasche und ließ dem verblüfften Freund einen Blick hineinwerfen. Dann reichte er ihm den Brief. Dieser las ihn aufmerksam und konnte trotz der verflixten Situation ein Schmunzeln nicht verbergen. Das Kind erwachte und begann zu schreien. Der Hans nahm es aus der Tasche heraus und steckte ihm einen Schnuller in den Mund, den er in der Tasche gefunden hatte. Nun beratschlagten die beiden, was zu tun sei.

Der Hans las den Brief nochmals durch und begann im Geiste die Rechtschreibfehler zu korrigieren. Da kam ihm ein guter Einfall. „Mensch, Sepp! Ich hab's. Die Anrede ‚Hallo, lieber schwarzer Kater' passt doch haargenau auf unsern Pfarrer. Du trägst die Tasche mit dem Kind zum Pfarrhof hinüber und legst sie vor der Haustür nieder. Dann können wir in Ruhe abwarten, was geschieht. Wenn wir beide den Mund halten, kann uns nichts passieren. Den Brief verbrennst du daheim."

Es war mäuschenstill im Zimmer. Dann lachten sie wie auf Kommando laut heraus, denn es war zu lustig, sich vorzustellen, wie dumm der Pfarrer am Morgen schauen würde, wenn er die Reisetasche öffnete. Der Sepp verabschiedete sich von seinem Freund und dann lief er wie ein Igel zum nahegelegenen Pfarrhof.

Der Pfarrer Alfons Moosgrandl, ein eifriger Seelenhirte mit einer ausreichenden Menge Sauerteig, der sich bei aller christlichen Demut der nicht unberechtigten Hoffnung hingab, bei seinen Oberen auf Erden gut angeschrieben und auch im Himmel nicht gänzlich unbekannt zu sein, hatte soeben den Schlusspunkt unter seine Sonntagspredigt gesetzt und mit einem Seufzer der Erleichterung den Füllfederhalter weggelegt. Nun wollte er noch mit seinem treuen Waldi den ausgefallenen Abendspaziergang nachholen. Er zog seinen Mantel an, öffnete die Haustüre und stolperte fast über die Reisetasche. Neugierig hob er sie auf und trug sie ins Pfarrbüro. Dort öffnete er sie und erschrak, als er den schlafenden Säugling erblickte. Aufgeregt lief er in den ersten Stock hinauf und klopfte heftig an die Schlafzimmertür seiner Schwester Rosa. Sie kam erschrocken heraus und er berichtete kurz, was er gerade vor der Haustüre gefunden hatte.

Während er aufgeregt und schimpfend im Pfarrbüro auf und ab ging, kümmerte sich seine Schwester um das Kind. Sie drückte ihrem Bruder das Baby in den Arm und eilte in die Küche, um die Milch in der Babyflasche zu wärmen. Dann flößte sie dem gierig saugenden Baby die Milch ein, wobei sie selig ein ums andere Mal ausrief: „Schau nur grad, Alfons, was das arme Hascherl für einen Hunger hat! Schau seine schönen blauen Augen an! Hast du schon ein so schönes Kind gesehen, Alfons?" Dieser ließ sich aber von ihrer Begeisterung nicht anstecken. Sein Entschluss stand fest. Das Kind musste wieder aus dem Haus. Er konnte von seiner Schwester nur mit Mühe davon abgehalten werden, sogleich die Polizei anzurufen. Als sie das Kind trocken legte und ausrief: „A Mäderl is's, Alfons!", da fragte er zerstreut: „Wie willst du das wissen?" Als sie auf seine Frage, ob das Kind schon getauft sei, wieder herzlich lachen musste, war

er eingeschnappt. Die Rosa schickte ihn nun ins Bett, da er ihr nur im Wege stand.

Die Pfarrangehörigen staunten nicht schlecht, als ihr Pfarrer am nächsten Tag beim Sonntagsgottesdienst mit grimmigem Gesicht bekanntgab, dass Unbekannte an der Haustüre des Pfarrhofes ein Kind ausgesetzt hatten. Die jungen Burschen grinsten vor sich hin und überlegten still, wer als Täter in Frage kommen könnte. Die jungen Frauen hatten wohl ähnliche Gedanken. Sie blickten mit unverhohlener Entrüstung zu ihrem Pfarrer, aber als sie dieser aufforderte, einen vorläufigen Pflegeplatz für das Findelkind bereitzustellen, blickten sie angestrengt in ihr Gebetbuch. Die Männer kauerten mit eingezogenen Köpfen in ihren Bänken und warteten mit Ungeduld, dass sich das Gewitter wieder verzog.

Dies war eine herbe Enttäuschung für den Moosgrandl. „Das ist der Dank dafür", dachte er, „dass ich mich Jahre lang abgehetzt habe und immer nur für andere da war. Und nun lassen sie mich im Stich."

Er konnte aber auch ein unnachgiebiger Bauernschädel sein, wenn es galt, Schwierigkeiten aus dem Weg zu räumen.

Auch diesmal nahm er sich vor, nicht nachzugeben, bis er den Kindsvater, den er in seiner Pfarrei vermutete, gefasst habe. Ungeduldig wartete er in den folgenden Tagen darauf, dass sich eine Familie seiner Pfarrei aufraffe, das Kind aufzunehmen. Die Neugierde lockte zwar ein Dutzend Frauen in den Pfarrhof, aber keine von ihnen nahm das Findelkind mit.

Der Moosgrandl redete daher seinen Schäflein am nächsten Sonntag erneut eindringlich ins Gewissen. Als sich auch am folgenden Montag niemand im Pfarrhof einfand, ließ er in seinem heiligen Zorn am Abend im Wirtshaus eine Strafpredigt auf die anwesenden Bauern niederprasseln, die sich gewaschen hatte. Die Männer zogen verstockt die Köpfe ein und blieben stumm. Da fuhr der Moosgrandl den Bürgermeister an: „Von dir, Lanzl, hätt' ich erwartet, dass du das Kind aufnimmst. Du hast eine gesunde junge Frau und zwei Buben und einen Hof von 120 Tagwerk Grund. Der Herrgott tät es dir lohnen." Der Lanzl schaute den Pfarrer nur verschlagen an und warf ihm die dürren Worte hin: „Nimm das Kind selber auf. Dein Haus ist nicht kleiner als das meinige und deine Schwester hat mehr Zeit wie meine Bäuerin."

Das schlug dem Fass den Boden aus. Eine jähe Zornesröte flog über das Gesicht des Pfarrers. Es juckte ihn in den Händen, den Lanzl am Kragen zu packen, aber im letzten Moment fiel ihm ein, dass seine geweihten Hände dazu bestimmt waren, zu segnen und nicht zu schlagen. Außerdem war ihm der bullige Bürgermeister körperlich weit überlegen. Darum fingerte er nervös ein Geldstück aus der Westentasche, warf es der Kellnerin hin und sagte zum Bürgermeister, vom vertraulichen Du zum Sie überwechselnd: „Herr Lanzl, ich erwarte, dass Sie sich für Ihre Flegelei bei mir entschuldigen, wenn Sie wieder nüchtern sind."

Daheim angekommen ließ er sich im Arbeitszimmer in den Stuhl fallen. Seine Schwester kam herein, um sich zu erkundigen, wie die Aussprache ausgegangen war. Sie erkannte sofort, dass ihr Bruder vergebens an die Bauern appelliert hatte. Sie hatte sich für diesen Fall schon etwas ausgedacht und sagte leise: „Alfons, wie wärs, wenn ich das Mädchen nehmen tät. Ich bin noch jung und hätte Zeit. Wer weiß, was aus ihm wird, wenn es in ein Waisenhaus abgeschoben wird. Für mich wärs eine schöne Aufgabe."

Der Moosgrandl machte eine abweisende Handbewegung zu ihr hin. Aber sie ließ sich nicht entmutigen: „Bei uns macht es nichts aus, ob zwei oder drei am Tisch sitzen."

Ihr Bruder wollte nichts hören. Er schnaufte heftig. „Sei mir nicht bös, Alfons! Aber ich muss es dir sagen. Ich mein' halt, dass du das Evangelium bis jetzt immer so ausgelegt hast, als ob es nur für deine Pfarrkinder gelten würde, aber nicht für dich. Fragst du die Brautleute bei der Hochzeit nicht, ob sie bereit sind, die Kinder, die Gott ihnen schenken werde, anzunehmen und christlich zu erziehen? Kann dies in unserer Zeit nicht auch einmal für einen Pfarrer gelten? Hat nicht jetzt der Herrgott uns ein Kind vor den Pfarrhof gelegt? Gib nach und sag, dass ich das Kind behalten darf."

Der Moosgrandl blickte sie giftig an. Sein Blick sagte ihr, dass er nicht mehr gewillt war, sich ihre laienhaften Belehrungen anzuhören.

Inzwischen arbeitete sein Geheimdienst bereits auf Hochtouren. Er vertraute fest darauf, dass mit Hilfe des Heiligen Antonius die Falle bald zuschnappen werde. Die Informationen flossen reichlich. Eine weibliche Person aus Egglham und den umliegenden Pfarreien kam als Täterin nicht in Betracht. Keine war in den vergangenen Monaten längere Zeit abwesend gewesen, keine hatte sich verdächtig gemacht. Dagegen traute man die Vaterschaft einer Reihe von männlichen Wesen aus Egglham zu. Es fiel immer häufiger der Name des Oberlehrers, der als umtriebiger Junggeselle bekannt war und bei der letzten Wahl nach eigener Aussage nicht die herrschende Partei gewählt hatte.

Doch das Schicksal hatte in der Zwischenzeit einen anderen Lauf genommen.

Die Bürgermeisterin fand, als sie den Trachtenanzug ihres Gatten ausbürstete, den an den „lieben schwarzen Kater" adressierten Brief, den der Sepp ganz vergessen hatte. Als die Buben in der Schule waren, holte sie ihren Mann ins Wohnzimmer und feuerte ihm den Brief vor die Füße. Nach

124

einem halbstündigen Verhör wusste sie alles über den Ehebrecher und sie kündigte ihm wütend an, sich scheiden zu lassen. Am Nachmittag knöpfte sie sich seinen Intimfreund, den Oberlehrer Urban, vor und ließ sich genau beschreiben, in welcher Straße und in welchem Haus sie damals in München übernachtet hatten.

Am nächsten Tag fuhr sie in aller Frühe, ohne eine Nachricht zu hinterlassen, mit dem Zug nach München. Sie traf die Kindsmutter in der angegebenen Wohnung, erfuhr den Namen des Kindes und erreichte, dass sie das Kind in Pflege nehmen durfte. Am Nachmittag war sie im Jugendamt und am Abend kehrte sie mit der Pflegeerlaubnis und mit einem Paket voller Babywäsche nach Hause zurück.

Der Lanzl Sepp hat bis zu ihrer Rückkehr Höllenqualen ausgestanden.

Am Tag darauf musste er mit ihr zum Pfarrer Moosgrandl gehen, reumütig seine Schmach eingestehen und seine Gemahlin auf den Knien um Verzeihung bitten. Für seine beleidigenden Worte im Wirtshaus zahlte er eine empfindliche Geldbuße in die Kirchenkasse.

Die Pfarrer-Rosa sah ein, dass der Herrgott das Kind nicht ihr, sondern einer anderen vor die Tür gelegt hatte. Sie gab der Bürgermeisterin schweren Herzens das süße Baby mit.

Der Lanzl Sepp erfuhr nie, dass sich seine Gemahlin schon immer ein Mädchen gewünscht hatte. Er musste daheim die Regierung für lange Zeit an sie abgeben, ist aber bei der nächsten Wahl wieder Bürgermeister geworden. Wer ist schon so hochherzig, dass er die Ehre der Gemeinde rettet, freiwillig ein Findlkind aufnimmt und darüber hinaus der Pfarrei eintausend Euro für einen guten Zweck spendet?

Worterklärungen

Seite 9	Schafkopfen	auch Schaffkopfen; beliebtes deutsches Kartenspiel mit 32 Karten.
Seite 10	Prangertag	auch Kranzltag; Fronleichnamstag am 2. Donnerstag nach Pfingsten. Bei der Prozession haben die Mädchen Blumenkränze im Haar.
Seite 10	Läutbuben	meist größere Ministranten, die mit Seilen die Glocken läuteten und sich dabei von den Seilen ein Stück in die Höhe ziehen ließen.
Seite 10	Sanctus	lateinischer Lobgesang in der heiligen Messe vor der Eucharistiefeier.
Seite 10	Benedictus	der 2. Teil des Sanctus, beginnend mit den Worten: „Benedictus, qui venit ..." wird im lateinischen Hochamt nach der Eucharistiefeier gesungen.
Seite 10	Ave Jesu, wahres Manhu	„Sei gegrüßt, Jesus, du wahres Himmelsbrot" (Manna!).
Seite 11	Monstranz	kostbares Behältnis zum Aufbewahren, Tragen und Zeigen der geweihten Hostie.
Seite 11	Rauchfass	kultisches Gerät, das mit glühenden Holzkohlen gefüllt wird, damit man den Weihrauch verbrennen kann.

Seite 12	Hundskrüppel	emotional verstärkter Schimpfname.
Seite 12	Himmeltrager	vier verdiente Männer der Pfarrei, die mit langen Umhängen bekleidet den Traghimmel (Baldachin) bei der Prozession tragen dürfen.
Seite 12	gestreckterlängs	in voller Körperlänge auf dem Boden liegen.
Seite 12	Sakramenter	eine Reihe von Flüchen, die mit dem Wort Sakrament beginnen.
Seite 13	Kirchenpfleger	in der römisch-katholischen Kirche die für die Verwaltung des Vermögens der Pfarrei bzw. Kirchenstiftung gewählte Person, der u.a. auch das Haushalts-, Kassen- und Rechnungswesen obliegt.
Seite 13	Kopfnüsse	schmerzhafte Schläge mit dem Fingerknöchel auf den Kopf.
Seite 13	Pange linqua	vertonter Hymnus des hl. Thomas von Aquin († 1274), der vor der Aussetzung des Allerheiligsten angestimmt wird.
Seite 13	Sacktüchl	Taschentuch.
Seite 13	Geschwollene	Wurst aus weißwurstähnlichem Kalbsbrat ohne Haut; heute bekannt als Wollwurst.
Seite 14	Hetz	hier: Spaß.

Seite 16	Schellenkönig	einer der 4 Könige im deutschen Kartenspiel mit dem Zahlenwert 4 (entspricht dem Karo-König).
Seite 17	Kanzel	erhöhter Ort in der Kirche, von dem aus der Geistliche die Predigt hält; heute nur noch selten gebraucht; ursprünglicher Name: Predigtstuhl.
Seite 18	brettelbreit	sich auf einem Platz besonders breit machen, sich ungehörig oder unverschämt ausbreiten.
Seite 20	spinnerter Teifi	sich wie ein Verrückter oder Narr aufführen.
Seite 21	oba	herunter.
Seite 21	wennsd	wenn du.
Seite 21	zoagn	zeigen.
Seite 21	Verkündbuch	Buch mit handschriftlichen Aufzeichnungen des Pfarrers, die er nach der Predigt „verkündete", z. B. Gottesdienstordnung der kommenden Woche oder Aufgebot von Brautleuten.
Seite 21	Credo	Glaubensbekenntnis; wird in der hl. Messe nach Verlesung des Evangeliums oder nach der Predigt gebetet.
Seite 21	Oremus	Gebetsaufforderung des Priesters: „Lasset uns beten!"
Seite 21	Hauserin	Hausfrau, Ehefrau.
Seite 22	auf d' Letzt	Der Tod wartet schon.

128

Seite 22	letzte Ölung	Krankensalbung.
Seite 22	Weichbrunn	Weihwasser.
Seite 23	Beichtgitter	Trenngitter im Beichtstuhl zwischen dem Beichtvater und dem Beichtenden.
Seite 24	Absolution	Lossprechung von den Sünden.
Seite 25	Beichtvater	kath. Geistlicher, der die Beichte hört.
Seite 26	Gumpe	tiefe Stelle im Bach, Wasserloch.
Seite 27	Malefizbua	Schimpfwort für einen Buben, der Ärger ausgelöst oder etwas angestellt hat.
Seite 28	einascherln	am Aschermittwoch wird in katholischen Kirchen den Kirchenbesuchern vom Priester Asche auf die Stirne gestreut.
Seite 31	Ite, Missa est!	vor Erteilung des Segens spricht der Priester: „Gehet hin, ihr seid entlassen!"
Seite 31	Asperges me	Austeilung des Weihwassers durch den Priester vor dem sonntäglichen Hochamt.
Seite 31	Ornat	feierliches Messgewand.
Seite 33	Wassergrand	Wasserbehälter aus Granitstein.
Seite 35	tarocken	Tarock: populäres Kartenspiel.

Seite 35	mei Oide	abfälliger Ausdruck über eine Ehefrau.
Seite 35	Beichtzettel	gedrucktes Andachtsbild als Nachweis, dass jemand seiner Beichtpflicht, insbesondere der Osterbeichte, nachgekommen ist.
Seite 36	Dengel-hammer	spezieller Hammer zum Schärfen der Schneide einer Sense, Sichel, Pflugschar.
Seite 37	rausarwatn	sich herausarbeiten.
Seite 38	Chrisam	geweihtes Salböl der kath. Kirche, das bei der Taufe, Firmung, Priester- und Bischofsweihe verwendet wird.
Seite 42	Zölibat	pflichtgemäße Ehelosigkeit bei katholischen Geistlichen.
Seite 42	aufwandeln	Hochheben der Hostie und des Kelches durch den Priester bei der heiligen Wandlung.
Seite 42	einblaseln	am Tag des hl. Blasius (3. Februar) erteilt der Priester den Gläubigen mit gekreuzten Kerzen den Blasiussegen, der gegen Halsbeschwerden helfen soll.
Seite 43	da feiht si nix	da fehlt sich nichts.
Seite 44	Hackelstecken	dicker Spazierstock mit einem Haken, der aus einem Geweihstück gefertigt sein kann.

Seite 44	schmerzhafter Rosenkranz	Rosenkranzgebet, in dem die schmerzensreichen Geheimnisse der Mutter Gottes betrachtet werden. Das 1. Geheimnis lautet: „Der für uns Blut geschwitzt hat".
Seite 44	Prise/Pries	eine kleine Menge von Schnupftabak, der mit der Daumen- und Zeigefingerspitze aus der Tabakdose entnommen und dann geschnupft wird.
Seite 44	Schmaizler	abgekürzt: Schmai; geschmalzener Schnupftabak.
Seite 45	Hausl	Hausdiener, Hausknecht.
Seite 45	Schnaderhüpfl	volkstümlicher Liedvers, meist gereimter Vierzeiler mit lustigem, oft anzüglichem Inhalt.
Seite 45	Refektorium	Speisesaal in Klöstern.
Seite 50	Kaas	Käse; hier: unsinniges Gerede.
Seite 50	Hirtenbrief	Verlautbarung des Bischofs, die anstelle der Predigt vorgelesen wird.
Seite 51	zwengs	wegen.
Seite 51	koa Macha nimmer	keine Zusammenarbeit mehr möglich.
Seite 52	Ja, da varreck!	Ausruf der Verblüffung, Verwunderung.
Seite 52	riegeln	hier: umerziehen, zurechtbiegen.

Seite 52	hagelbuachern	aus dem harten, knorrigen Holz der Buche geschnitzter Stecken; auf den Menschen übertragen: ein derber, ordinärer, krachlederner Kerl.
Seite 53	Soutane	früher ein bis ans Knie reichender Gehrock der katholischen Geistlichen.
Seite 54	Padrone	ital., Schutzherr, Besitzer; hier: Chef einer hierarchischen, geheimen, kriminellen Organisation (Geheimbund).
Seite 54	Tabernakel	in einer katholischen Kirche befindliches massives Schränkchen mit verschließbarer Türe zur Aufbewahrung der in der hl. Messe konsekrierten Hostien.
Seite 56	Patrozinium	hier: himmlische Schutzherrschaft eines Heiligen über eine Kirche; Festtag zu Ehren dieses Heiligen.
Seite 58	Novene	katholische Andachten an neun Tagen.
Seite 59	Padre	ital., Pater.
Seite 67	Palmstecken	langer Stock, an dessen Spitze sich ein aus Weidenkätzchen (Palmkätzchen) gebundener und mit bunten Bändern verzierter Strauß befindet. Er wird von Buben bei der Palmprozession zum Gedenken an den Einzug Jesu in Jerusalem mitgetragen.

Seite 71	benissimo	ital., ausgezeichnet, sehr gut.
Seite 72	Poverello	ital., „Der kleine Arme", Ehrentitel für den heiligen Franziskus.
Seite 72	Konklave	Versammlung der Kardinäle zur Papstwahl.
Seite 72	papabile	ein als Papstkandidat in Frage kommender Kardinal.
Seite 73	Brevier	Gebetbuch des katholischen Geistlichen (Stundengebet).
Seite 76	addio	ital., auf Wiedersehen!
Seite 78	freudenreicher Rosenkranz	Rosenkranzgebet, in dem die freudenreichen Geheimnisse der Mutter Gottes betrachtet werden. Das erste Geheimnis lautet: „Den du, o Jungfrau, vom heiligen Geist empfangen hast."
Seite 83	Te deum laudamus	„Dich Gott, loben wir." Diesem Aufruf des Priesters folgt ein besonders feierliches Gotteslob, z. B. das Lied: „Großer Gott, wir loben dich".
Seite 91	Zenterling	ein Stück geräuchertes (geselchtes) Schweinefleisch in unterschiedlicher Größe.
Seite 91	Geselchtes	Geräuchertes, Selchfleisch, Rauchfleisch.
Seite 96	Primiziant	neu geweihter katholischer Priester.
Seite 98	die Messe schwingen	saloppe Ausdrucksweise für das Lesen der heiligen Messe.

Seite 98	buckelkraxn	jemanden oder etwas hucke-pack, d. h. auf dem Rücken (Buckel) tragen; die Buckel-kraxe ist eine Rückentrage
Seite 103	odrahter Lump	Schimpfname; hier: scherzhaft, anerkennend gemeint, für ei-nen, der es versteht, seine Sache mit List zum eigenen Vorteil zu drehen, etwas zu deichseln.
Seite 105	MVV	Münchener Verkehrsverbund.
Seite 114	Sakristei	Nebenraum in einem Got-teshaus, in dem die für den Gottesdienst benötigten Ge-genstände (z. B. Kelche, Mess-gewänder) aufbewahrt werden; auch Vorbereitungs- und Um-kleideraum für die Geistlichen und Messdiener.
Seite 114	Paramenten-schrank	Geräumiger Schrank zur Auf-bewahrung der liturgischen Gewänder und Altarwäsche.
Seite 114	Ewiges Licht	immerwährendes Licht in ei-ner katholischen Kirche als Symbol zur Erinnerung an die ständige Gegenwart Gottes. Es zeigt an, dass sich im Taber-nakel der Kirche die konsek-rierten Hostien befinden. Die Ewig-Licht-Lampe ist meist neben dem Altar an einem Wandarm angebracht.
Seite 115	Beichtge-legenheit	festgelegte Zeit im Terminplan des Pfarrers, in der Gelegen-heit zur Ablegung der Ohren-beichte oder zu einem Beicht-gespräch besteht.

134

Der Autor

Walter Pöschl

1931 in Landshut geboren, Regierungsdirektor i. R., wohnhaft in Landshut.

Seit 1979 Mundartgedichte, Kurzgeschichten, volkskundliche und historische Veröffentlichungen, Kurzbiographien. Regelmäßige Beiträge im Straubinger Kalender und in verschiedenen Zeitungen.

Bücher:

Im boarischn Himme – Ein bairischer Psalter,
Verlag Morsak, Grafenau 1990 (z. Zt. vergriffen).

*A Stern is aufganga , Die Weihnachtsgeschichte
in altbairischer Mundart, Versgedicht,*
Verlag Attenkofer, Straubing 1997.

Die glorreiche Landshuter Fürstenhochzeit von 1475,
Verlag Attenkofer, Straubing 2001, 2. Auflage 2005.

*„Er schenkt die Fülle des Lebens", Ein Adventskalender
für Erwachsene,* Eigenverlag 2003 (z.Zt. vergriffen).

*Kindheit und Jugend in Landshut, 22 autobiographische
Zeugnisse, herausgegeben und kommentiert von Walter
Pöschl,* Verlag Attenkofer, Straubing 2006.

Mitautor bei vier Anthologien des Max-Dingler-Kreises
Landshut

Der Illustrator

Georg Beyer

1932 in Simonshof, Gemeinde Bastheim geboren, Studiendirektor i. R., wohnhaft in Marquartstein/Obby.

1953 Abitur.

1953 bis 1957 Studium an der Akademie der Bildenden Künste in München in den Fächern Malerei und Grafik bei den Professoren Marxmüller und Oberberger.

Von 1957 bis 1993 Kunsterzieher an verschiedenen Gymnasien in Bayern, zuletzt in Prien am Chiemsee.

Seit 1963 Grafische Arbeiten für verschiedene Verlage. Illustration von 17 Büchern, Autor und Zeichner von mehr als 1700 Bildergeschichten.

Seit 1996 Mitglied der Münchner Künstlergenossenschaft.

Ausstellungen:

Einzelausstellungen in Grassau (1982), Seebruck (1984), Marquartstein (1985 und 1997), Traunstein (1988), Prien (1990), in der Inselgalerie Fauenchiemsee (2002), in Haag (2005) und in der Torhalle Frauenchiemsee (2007).

Seit 1990 regelmäßige Teilnahme an der jährlichen Ausstellung in der Torhalle Frauenchiemsee sowie an der Jahresausstellung Künstler des Chiemgaus in der Galerie im Alten Rathaus in Prien.

Seit 1991 regelmäßige Teilnahme an der Kunstausstellung der Münchner Künstlergenossenschaft im Haus der Kunst in München.